suhrkamp taschenbuch 4578

Mein Israel
Juden und Palästinenser erzählen

Herausgegeben von Ali Ghandtschi
Übersetzt von Eldad Stobezki und
Mirjam Pressler

Mit 32 Farbfotografien des Herausgebers

Suhrkamp Verlag

Für Laura, Elias und Maja

Erste Auflage 2015
suhrkamp taschenbuch 4578
Originalausgabe

Satz: Satz-Offizin Hümmer GmbH, Waldbüttelbrunn
Druck: CPI – Ebner & Spiegel, Ulm
Printed in Germany
ISBN 978-3-518-46578-3

Ich erinnere mich, wie ich als Kind, im Teheran der siebziger Jahre, auf unserem Schwarzweißfernseher Moshe Dayan sah. Ich war beeindruckt von seiner Augenklappe und musste an Schlachten auf Seeräuberschiffen denken.

Später, nach der iranischen Revolution und unserer Übersiedlung nach Deutschland, zeigte unser neuer Farbfernseher die Bilder der Intifada: Jugendliche, die Steine schleuderten gegen Soldaten mit Maschinengewehren. Dann explodierende Busse, zerfetzte Körper, Drohungen von Politikern; 2005 schließlich Israels Rückzug aus Gaza.

In meiner Jugend hatte ich israelische Freunde, die nach dem Libanonkrieg von 1982 aus der Armee ausgeschieden waren und nun die Welt bereisten, um das Erlebte zu verarbeiten.

Israel hat mich immer begleitet, Diskussionen zum Thema Israel gehörten zu meinem Leben. Jeder hatte eine Meinung, auch ich. Gleichzeitig hatte ich immer das Gefühl, eigentlich viel zu wenig über dieses Land zu wissen.

Als Fotograf des internationalen Literaturfestivals in Berlin hatte ich Kontakt zu israelischen Lyrikern und Schriftstellern. Im April 2011 beschloss ich, nach Israel zu reisen, Porträts von Künstlern zu machen und diese in einer Ausstellung zu zeigen.

Am Flughafen Ben-Gurion befragten mich sieben Beamte mehrere Stunden lang, was ich – Deutscher, Perser, Nichtjude – in Israel wolle. Schließlich ließ man mich einreisen. Und plötzlich fühlte ich mich merkwürdig zu Hause. Die Freundlichkeit und der Umgang der Menschen miteinander erinnerten mich an den Iran. Ich war im Nahen Osten angekommen, in einem Land, dass sich von den umgebenden Ländern abgrenzte und dennoch von der Mentalität des Orients durchdrungen schien.

Am ersten Tag meiner Reise besuchte ich die Altstadt von Jerusalem. An der Klagemauer geriet ich in Feierlichkeiten von orthodoxen Juden zu Ehren eines reichen Amerikaners, der dem Rabbiner der Klagemauer eine neue Torarolle übergeben hatte. Hunderte tanzten ausgelassen zu den Klängen eines Kinderchors, der von verzerrten, ohrenbetäubenden E-Pianoklängen begleitet wurde. Ich fotografierte das Fest und wurde bald von den Feiernden aufgefordert, mitzutanzen. Mit meiner Pappkippa auf dem Kopf sah ich wahrscheinlich aus wie ein Diasporajude auf Heimatbesuch. Nach einer Weile fragte mich der Assistent des Rabbiners, woher ich käme. Als ich ihm von meiner Herkunft erzählte und auf Nachfrage verneinen musste, Jude zu sein, war die Party für mich vorbei. Ich wurde aufgefordert, die Veranstaltung zu verlassen.

Dann ging ich zum Felsendom. Als ich meinen islamischen Namen nannte, wurde ich eingelassen. Ein freundlicher Mann zeigte mir jede Ecke des Doms, zu dem wiederum Juden keinen Zutritt haben.

Israelische Freunde, denen ich am Abend von meinen Erlebnissen erzählte, bezeichneten mich – halb im Ernst, halb scherzhaft – als »Religionshure«. Für jemanden, der wie ich in einer Gesellschaft lebt, in der Religion im öffentlichen Raum so gut wie keine Rolle spielt, waren das ganz neue Erfahrungen.

Mir wurde bald klar, dass es nicht genügen würde, in Israel einfach nur Porträts zu machen. Dieses Land faszinierte mich, ich wollte einen anderen Zugang dazu finden. Ich hatte ein Aufnahmegerät dabei und begann, die Künstler zu interviewen. Um das Gespräch nicht gleich auf Politik zu lenken, bat ich sie, mir eine Kindheitserinnerung mit Bezug zu Israel beziehungsweise dem damaligen Palästina zu erzählen. Fast alle waren begeistert von der Idee, dass sich jemand für persönliche Geschichten interessierte und nicht zwingend über Politik sprechen wollte. Dennoch spannten die Erzähler den Bogen fast immer bis zur heutigen Zeit. Da alles in Israel mit Politik zu tun hat, sind auch Kindheitserinnerungen politisch.

Nach drei Wochen hatte ich achtzehn Interviews geführt und war von den Geschichten so gefangen, dass das fotografische Porträt in den Hintergrund trat. Es war etwas anderes, das ich im Bild festhalten wollte. Ich begann, Nachrichten, die Menschen in der Öffentlichkeit hinterlassen hatten, zu fotografieren: Wandzeitungen, Graffiti, Parolen.

Zurück in Deutschland zeigte ich eine Auswahl der Geschichten und Bilder im Rahmen einer Ausstellung während des internationalen Literaturfestivals im Haus der Berliner Festspiele, was auf reges Interesse stieß. Ich beschloss, das Projekt weiter zu verfolgen. Auf fünf mehrwöchigen Reisen nach Israel sammelte ich fast achtzig Geschichten verschiedenster Persönlichkeiten und machte zahllose Aufnahmen – insbesondere von Wänden und Mauern.

Mein Plan, ein ausgewogenes Bild Israels aufzuzeigen, ging allerdings nicht auf. Die israelische Gesellschaft ist weit vielfältiger, als wir sie durch die Medien wahrnehmen.

Viele Intellektuelle, insbesondere linke und moderate, stehen der israelischen Politik sehr kritisch gegenüber und sind für Gespräche offen. Ultranationalistische und ultraorthodoxe Juden sowie islamische Würdenträger dagegen waren meist gar nicht bereit, mit mir zu sprechen. Der Radiomoderator und Rechtsanwalt Yoram Sheftel zum Beispiel, der den ehemaligen KZ-Aufseher John Demjanjuk bei seinem Prozess 1986 in Israel verteidigte, beschimpfte mich am Telefon lauthals, was ich als Deutscher mir erlaube, ihn anzurufen.

Ich war froh, dass sich Israel Har'el bereit erklärte, mir seine Geschichte zu erzählen. Er gehört zu den Gründern der nationalistischen und messianischen Siedlerbewegung »Gush Emunim«. Außerdem veröffentlicht er seit vielen Jahren Kolumnen in der Tageszeitung *Haaretz*. Das macht ihn auch jenseits der rechten Kreise zu einer Stimme des öffentlichen Lebens.

Auch der kontrovers diskutierte Musiker Ariel Zilber wollte anfangs nicht mit mir sprechen. Erst als ich ihm sagte, dass ich den auch von Siedlern verehrten Rabbiner Adin Steinsaltz getroffen hatte, war er bereit, mir seine Geschichte zu erzählen. Linke und moderate Kräfte des Landes lehnen Ariel Zilber ab, weil er seit einigen Jahren extrem nationalistische Positionen einnimmt. Selbst die aktuelle Regierung unter Benjamin Netanjahu und Avigdor Lieberman findet er zu linksgerichtet. Als wir nach unserem Gespräch in einem schäbigen Café in einem Industriegebiet Tel Avivs auf die Straße traten, wurde er indes von jungen Bauarbeitern, die am Nachbargebäude beschäftigt waren, erkannt und frenetisch bejubelt.

Chaim Gouri, einer der beliebtesten Lyriker des Landes und bei weitem kein Extremist, sagte höflich ab. Nach dem Zweiten Weltkrieg, so erzählte er mir am Telefon, half er, ehemalige KZ-Häftlinge zu betreuen, und begleitete als Journalist den Eichmann-Prozess. Dies mache es ihm bis heute unmöglich, an einem deutschen Projekt teilzunehmen. Er wisse, dass ich ein junger Mann und unschuldig sei, ich solle es ihm aber bitte nachsehen.

Einige arabische Israelis wiederum wollten sich nicht interviewen lassen, weil sie nicht zusammen mit Juden in einem Buch erscheinen wollten, auch aus der Angst heraus, dadurch in der arabischen Welt angefeindet zu werden. Wenn ich zwei Bücher herausbringen würde, eines mit Interviews von Juden, eines mit Interviews von Arabern – dann wären sie bereit, mit dabei zu sein.

Mein Israel? Wessen Israel ist also damit gemeint? Das Land ist voll der verschiedensten Biographien. Innerhalb der jüdischen Gesellschaft gibt es so viele verschiedene Strömungen: Juden aus dem europäischen und dem arabischen Raum, eritreische und persische Juden, moderat religiöse, messianische, orthodoxe und ultraorthodoxe. Es gibt säkulare Juden, Zionisten und absolute Antizionisten, die mit Holocaust-Leugnern gemeinsame Sache machen. Dazu gibt es die Siedler, und wer die richtig schlimm findet, der kennt noch nicht die Hilltop-Gangs. Dazwischen und darum herum gibt es natürlich noch Beduinen, Drusen und die mit 20 % Bevölkerungsanteil nicht ganz kleine Gruppe der von den Juden »arabische Israelis« genannten moslemischen und christlichen Araber, die sich selbst aber als »palästinensische Israelis« bezeichnen. Und obwohl das Land so klein ist, ist es den einzelnen Gruppen möglich, ein Leben zu führen, ohne mit Mitgliedern der jeweils anderen Gruppierungen in Berührung zu kommen. Das war eine Erkenntnis, die mich mit am meisten irritierte.

Ein bisschen fühle ich mich wie in dem Witz, den mir der Rabbiner

Adin Steinsaltz erzählte: Ein Journalist kommt nach Israel und wird gefragt, was er tue. Er schreibe an einem Buch, antwortet dieser. Seit wann er denn im Land sei? »Seit gestern.« Und wann er denn wieder abreise? »Morgen.« Und wie das Buch heißen soll? »Israel gestern, heute und morgen«. Das, was ich in den drei Jahren, in denen ich regelmäßig in Israel war, gehört und erfahren habe, kann nur ein winziger Einblick in die Komplexität dieses Landes sein, das sich in stetigem Wandel befindet. Es bleibt interessant, in welche Richtung es sich entwickeln wird.

Ali Ghandtschi

Die Gespräche wurden auf Englisch geführt, nur die mit Uri Avnery, Asher Reich, Micha Ullman und Ruth Peled-Ney auf Deutsch.
Alle Gespräche fanden vor dem Gazakrieg »Operation Protective Edge« vom Sommer 2014 statt.

Also hör zu, es ist nicht so, daß ich misstrauisch bin, aber ich werde dir nichts von meinen persönlichen Angelegenheiten erzählen. So ist es nun mal. Das hat mich das Leben gelehrt. Und ich bin ein vorsichtiger und aggressiver Optimist. Deshalb hoffe ich, dass eines Tages alles besser wird. Und weil ich Menschen respektiere, die Ideen für ein Projekt haben, hoffe ich, dass du das nicht als Entschuldigung missbrauchst und dass du die Lage so zeigst, wie sie ist, interessant und sehr komplex. Keine der Seiten hat recht oder unrecht. Es ist eine komplexe Situation, in der keine Seite schuldlos ist.

Was hier passiert, ist ziemlich traurig, und ich kann von keinem erwarten, das zu verstehen oder zu erklären, aber ich kann dir sagen: Es ist ein höchst aufregendes Land, und hier leben viele interessante Menschen. Hier ist nicht alles einfach schwarz und weiß, und möglicherweise gibt es keine Lösung, aber dieses Land zeigt, dass man mit Hoffnung leben kann, selbst wenn man weiß, dass es für den Konflikt darin keine Lösung gibt.

Micha Bar-Am

Im Paradies

Alex Anski

Meine Geschichte beginnt acht Monate vor meiner Geburt. Meine Eltern lebten in Sofia, und sie stritten ständig über den jüdischen Glauben in dieser Welt. Meine Mutter, eine Schauspielerin, war der Meinung, der Judaismus sei am Ende und der einzige Weg, dem grausamen Schicksal zu entkommen, das die Juden in ihrer Geschichte verfolgt hatte, bestünde darin, so zu tun, als wären wir keine Juden. Mein Vater glaubte genau das Gegenteil: Alles, was uns im Laufe der Geschichte widerfahren sei, komme daher, dass wir in aller Herren Länder verstreut seien, machtlos, ohne einen eigenen Staat. Wir waren immer nur Bettler, die von einem Ort zum anderen zogen, wir wurden nirgendwo sesshaft, wir bestellten nie das Feld, Landwirtschaft war nicht unsere Sache, Handwerk aber auch nicht. Juden tragen alles bei sich, damit sie leicht weiterziehen können. Deshalb müssen sie sich geistig entwickeln, ein Talent, das sie haben, sie müssen Sprachen lernen, Klavier oder Violine spielen, schreiben oder Diamanten bearbeiten … Wenn sie Diamanten besitzen und in Spanien etwas passiert, sind sie blitzschnell in Holland und können dort von vorn anfangen. Wir Juden kommen mit kleinem Gepäck. Unser Problem, sagte er, sei, dass wir ein Volk ohne Staat sind. Das sei der Grund, dass wir uns durch alle Länder der Welt manövrierten, wie ein Schiff auf hoher See, ohne Kapitän und ohne Motor.

Meine Mutter sagte, sie wolle im Jahr 1939 keinen Juden zur Welt bringen. Du bist Jude, ich bin Jude, unsere Religion verdammt uns also dazu, ein jüdisches Kind zu bekommen. Dieses Baby ist noch nicht auf der Welt. Lass uns alles in unserer Macht Stehende tun, damit niemand erfährt, dass es ein jüdisches Kind ist. Als Erstes werden wir seinen Namen ändern, es wird nicht unseren Namen tragen. Zweitens soll es nicht beschnitten werden. Und drittens will ich nicht, dass sein Name ins Geburtenregister von Sofia eingetragen wird. Man kann sich vorstellen, was das für meinen Vater bedeutete. Ich wurde geboren und bekam den Namen Alexander. Zusätzlich änderten sie meinen Nachnamen. Mit dem Namen

Abarbanel würde man mich sofort als Jude erkennen. Meine Eltern entschieden sich für den Namen Anski, und so heiße ich noch heute.

Drei Monate vor dem Beginn des Zweiten Weltkriegs kam also ein Baby auf die Welt: ich. Ich wurde mitten in diesen Streit meiner Eltern hineingeboren, einen Streit, der mein Leben lang andauerte, bis zu ihrem Tod.

1945, als wir hierher kamen, war Israel voller Energie und Träume, doch abgesehen davon gab es nichts. Vom ersten Moment an wollte ich ein Teil dieses Landes werden. Nicht aus politischen oder ideologischen Gründen, dafür war ich zu jung. Aber ich fand es schön hier. Es bedeutete vor allem Freiheit. Die Eltern gingen morgens um sechs Uhr zur Arbeit und kamen abends um zehn Uhr zurück. Man war den ganzen Tag frei. Man spielte mit seinen Freunden, rannte auf den Straßen herum und durch die Wälder. Wenn man jung ist, macht es einem nichts aus, arm zu sein. Man klettert auf einen Baum, pflückt zwei Äpfel oder fünf Guaven und hat keinen Hunger mehr. Ich genoss diese Freiheit. Es war wie im Paradies.

Der verrückte Max

Moshe Dor

Ich habe mehrmals versucht, von zu Hause wegzulaufen. Dumm und naiv, wie ich war, rannte ich zum Meer. Ich lief über die festungsartigen Dünen, rutschte hinunter zum Strand und schaute mich nach einem Versteck um. Damals lebte am Strand ein Mann namens Max. Vermutlich war er ein deutscher Jude, der vor den Nazis geflohen war. Deshalb nehme ich an, dass er Mitte der dreißiger Jahre nach Palästina gekommen war. Schon bei seiner Ankunft muss er psychisch geschädigt gewesen sein. Er weigerte sich, in einem Haus zu wohnen, in einer Baracke oder wo auch immer, er lebte in einer Höhle oberhalb des Strandes. Er war bekannt als der verrückte Max. Er war sehr liebenswürdig, und die Leute gaben ihm immer etwas zu essen und abgetragene Kleidungsstücke. Für die Kinder bedeutete er ein ständiges Wunder. Eine Art Robinson Crusoe. Wenn er sprach, war das eine seltsame Mischung aus Deutsch und Hebräisch und was noch alles. Eines Tages fand man ihn tot in seiner Höhle.

Feuer in der Allenby-Straße

Ruth Peled-Ney

Meine Eltern sind beide in Deutschland geboren. Mein Vater war unterm Kaiser in der Armee im Ersten Weltkrieg, und als er zurückkam, hat er studiert und wurde Zionist. Er hat sich in Deutschland irgendwie nicht wohl gefühlt – wegen des latenten Antisemitismus. Sein Vater war ein deutscher Nationalist, vollkommen assimiliert, der wusste nichts vom Judentum und hat gedacht, dass sein Sohn verrückt ist, weil er damals, 1920, nach Palästina ging. Aber auch mein Vater verstand nicht viel von der jüdischen Tradition und hat mich aus Versehen in einem religiösen Kindergarten angemeldet. Der war *sehr* religiös. Und so passierte Folgendes: Tischa beAw ist bei den Juden ein Fastentag, weil der Tempel in Jerusalem – die Klagemauer ist der Rest davon – an diesem Tag zerstört wurde, deshalb fasten alle Orthodoxen. Ich war fünf Jahre alt und ging in den Kindergarten und habe dort gelernt, dass man fasten muss. Als ich nach Hause kam, saß die ganze Familie beim Essen. Da habe ich gesagt, dass die Araber den Tempel verbrannt haben. »Wo?« »In Tel Aviv.« Mein Vater sagt: »Eigenartig, dass wir nichts davon gehört haben.« Darauf ich: »Nein, der Tempel ist abgebrannt, und ihr dürft nicht essen!« Meine Eltern: »Was heißt das, wir dürfen nicht essen? Woher hast du diese Geschichten?« – »Ja, alle Eltern der Kinder im Kindergarten essen nichts!« Ich habe furchtbar geweint darüber, dass sie essen, weil das eine Sünde ist und der liebe Gott uns bestrafen wird. Es war eine Deutsche dabei, eine Nichtjüdin, die meine Eltern als Kindermädchen mitgebracht hatten, und die hat mir dann versprochen, dass sie nichts zum Abendbrot essen wird. Und andere, die dabei waren, haben auch gesagt, dass sie kein Abendbrot essen würden. Ich ging schlafen. Ich hatte sie alle erwischt beim Abendbrotessen. Ich war vollkommen außer mir, konnte mich überhaupt nicht mehr beruhigen und hatte das Gefühl, in einer sündigen Familie zu leben. Daraufhin wurde ich religiös und habe versucht, koscher zu essen. Bis die Sache sich aufgeklärt hat. Ich hatte noch einen Bruder, und der hat dann einmal, als er aus der Schule kam, meinen Eltern erklärt, dass nicht die Synagoge in der Allenby-Straße von den Arabern verbrannt wurde, sondern dass der Tempel in Jerusalem vor 2000 Jahren von den Römern zerstört worden und davon die Klagemauer übriggeblieben ist. Das hatte er in der Schule gelernt, und so haben meine Eltern auch etwas von jüdischer Kultur erfahren.

Mit zweiundzwanzig Jahren ging ich nach Genf zum Studium, Psychologie, und da habe ich immer gesagt: »Ich bin keine Jüdin, ich bin Israelin, und das ist nicht dasselbe.« Und unter uns gesagt: bis heute weiß keiner, was ein Jude ist. Meine Eltern hatten mehr gemeinsam mit den Deutschen als mit den jemenitischen Juden. Sie fanden die jemenitischen Juden interessant, ein Unikum, wie soll ich sagen, außergewöhnlich, aber sie haben nichts gemeinsam gehabt, weder eine Sprache noch eine Tradition. Ich habe gesagt: »Ich bin Israelin.« Und bis heute weiß man auch nicht genau, was das ist. Ich habe einmal gehört, dass ein Jude jemand ist, der glaubt, dass er Jude ist, und von dem auch die anderen glauben, dass er Jude ist. Das ist ein Jude.

Mein Großvater hat mit meinem Vater gebrochen, als er nach Palästina ging. Er hat sieben Jahre lang auf keinen Brief geantwortet. Als der Holocaust kam, hat mein Vater versucht, ihn hierher nach Israel zu bringen und die Papiere zu besorgen. Aber mein Großvater hat ein Telegramm geschickt: Ich bin Deutscher, hier bin ich geboren, hier habe ich gelebt, und wenn ich hier zum Tode verurteilt bin, werde ich hier sterben. Er wurde nach Theresienstadt deportiert.

Juden und die Diaspora

Abraham B. Jehoshua

Die Araber wollten nicht, dass die Juden hierher kamen, und das zu Recht. Warum sollten sie die Juden akzeptieren? Jedes andere Volk hätte sich ebenso verhalten. Aber sie waren nicht stark genug, uns hinauszuwerfen. Als wir es nach der ganzen Katastrophe geschafft hatten, hatte ich das Gefühl, die Anstrengung habe sich gelohnt, alles sei ganz normal. Das also ist mein Verhältnis zum Staat. Ich betrachte ihn als ein Wunder, denn das jüdische Volk hatte keinen Staat gewollt. Das jüdische Volk tat alles in seiner Macht Stehende, um in der Diaspora zu bleiben, doch die Diaspora wollte die Juden nicht. Man hat sie hierher getrieben. Es waren nur wenige, die kamen. Dieser Staat wurde von einer sehr kleinen Minderheit des jüdischen Volks gegründet, nur etwa ein Prozent waren Zionisten. Das Gute ist, dass diese Menschen unabhängig von der Erlaubnis des jüdischen Volks hierher kamen. Wenn man eine Revolution machen will, braucht man die Zustimmung des Volkes, aber sie haben nicht um Erlaubnis gefragt. Sie kamen hierher und bauten den Staat auf, gegen den Willen vieler Juden der verschiedensten Richtungen. Viele Orthodoxe, Sozialisten, Reformer und Assimilierte waren gegen den Zionismus. Doch diese wenigen Menschen kamen hierher, um ein normales Leben zu führen. Für mich war das eine moralische Haltung und auch der Grund für den Erfolg dieses Staates, die Tatsache, dass eine moralische Haltung dahinterstand. Ich will nicht die Welt verbessern, sondern mich selbst. Zionismus bedeutet für mich, Verantwortung zu übernehmen.

Wir dachten, die Religion würde mit der Moderne aussterben. Das tat sie aber nicht. Das ist eine große Überraschung. Freud dachte, die Wissenschaft würde die Religion beseitigen. Unglaublich.

Einige der Orthodoxen gehören zum sehr rechten Flügel. Aber es ist nicht nur einfach ein rechter Flügel, es ist der rechte Flügel mit Gottes Erlaubnis, mit Gottes Segen, mit der Autorität Gottes. Das macht das Ganze sehr gefährlich.

Der Irgun

Uri Avnery

Ungefähr zu meinem fünfzehnten Geburtstag bin ich in eine Terrororganisation eingetreten, vielleicht sollte ich davon erzählen. Vorher ging ich zur Schule, in einem Dorf, aber dazu fällt mir nichts besonders Interessantes ein. Ich würde anfangen mit dem Irgun. Mit der Organisation. Ich muss überlegen, was am interessantesten sein könnte.

1936 ist der arabische Aufstand ausgebrochen. Da war ich noch in der Schule. Mein Vater, der normalerweise nie dorthin kam, hat mich an dem Tag abgeholt, weil die Leute alle Angst hatten. Der Aufstand war hier in Jaffa. Ein paar Dutzend Menschen sind dabei umgekommen. Juden. Das war natürlich eine große Aufregung. Jaffa und Tel Aviv: heute ist das eine Stadt. Damals war es auch eine Stadt, aber mit einer unsichtbaren Grenze mittendrin. In Wirklichkeit waren Jaffa und Tel Aviv total getrennt, zwei verschiedene Welten. Da kam also mein Vater zur Schule, andere Eltern auch, und sie haben ihre Kinder abgeholt. Ich war damals dreizehn. Der arabische Aufstand dauerte drei Jahre mit Unterbrechungen, während dieser drei Jahre haben arabische Freischärler jüdische Siedlungen angegriffen, und die Frage auf unserer Seite war: Was tun wir dagegen? Verlassen wir uns auf die Engländer? Die Polizei? Das Militär? Verteidigen wir uns? Oder unternehmen wir Gegenangriffe? Das war eine riesige Diskussion im Land, tagtäglich. Jeder hatte seine eigenen Ansichten. Ausdruck der zwei größten Gegensätze waren zwei Untergrundorganisationen. Die eine hieß Hagana (Verteidigung), das war praktisch die illegale Organisation der jüdischen Quasi-Regierung. Die jüdische Gemeinschaft hier im Lande war ein Staat im Staate mit ihrem eigenen Erziehungswesen, Gesundheitswesen und illegal auch einer bewaffneten Truppe. Die zweite Organisation war der Irgun. Irgun heißt Organisation, der volle Name war Nationale Militärische Organisation, kurz nannte man ihn den Irgun. Der Irgun war extrem gegen diese Selbstenthaltung eingestellt, so hieß die Verteidigungstheorie. Man greift nicht an, man verteidigt, wir verteidigen unsere Siedlungen. Gegen 1931 ungefähr hatte sich die Organisation gespalten. Auf der einen Seite gab es dann eine große Organisation, die Hagana. Alle politischen Kräfte, von der Linken bis Mitte bis gemäßigte Rechte. Und auf der anderen den Irgun, der viel viel kleiner war – ein paar tausend Menschen höchstens – und extrem rechts. Ich empfand tiefste Verachtung für unsere Führung, der die Hagana unterstand. Ich war absolut dafür, dass wir zum Gegenangriff übergehen. Und so war es eigentlich ganz natürlich, dass ich mich dem Irgun angeschlossen habe. In Deutschland waren wir ziemlich wohlhabend gewesen, und nach einem Jahr hier waren wir arm wie die Kirchenmäuse. So habe ich mit vierzehn Jahren die Schule verlassen, ich habe die Volksschule nicht beendet und bin arbeiten gegangen, um zum Familienunterhalt beizutragen. Ich habe angefangen, bei einem Rechtsanwalt zu arbeiten. Eines Tages beim Gericht trat ein Kollege auf mich zu und fragte: »Was denkst du über die Selbstenthaltung?« Ich habe ihm gesagt, was ich darüber denke, und er sagte: »Willst du einer Organisation beitreten, die dagegen kämpft?« Bis zu dem Augenblick hatte ich überhaupt nicht gewusst, dass es eine Organisation gibt. Sie war ja geheim. Und ich sagte, ich wollte mir das noch einen Tag überlegen. Dann habe ich es beschlossen, ich habe meinen Vater beiseitegenommen und habe gesagt, dass ich einer Untergrundorganisation beitreten will. Er war nicht dafür, aber er hat nicht nein gesagt. Dann habe ich zu meinem Kollegen gesagt: »Ja, ich bin bereit.« Er sagte: »Gut, wir werden dich benachrichtigen.« Eines Tages kam ein Junge zu mir nach Hause und gab mir einen Zettel. Darauf stand, ich solle an dem und dem Tag am Abend in eine Schule in einem ganz armen Viertel von Tel Aviv kommen, am Eingang würde man mich nach der Parole fragen, »Samson und Dalila«, glaube ich. Als der Tag kam, war ich schrecklich aufgeregt. Viel zu früh war ich in der Nähe der Schule und bin hin und her gegangen, bis zum verabredeten Zeitpunkt. Dann, zur bestimmten Stunde, näherte ich mich der Schule. Sie lag ganz im Dunkeln und verlassen da. Ich dachte, ich hätte mich vielleicht geirrt, ging aber zum Eingang, und in der Dunkelheit standen ein Junge und ein Mädchen. Ich habe die Parole gesagt, sie haben mich reingelassen. In der Dunkelheit sagte man mir, ich solle die Treppen hinaufgehen und jemand würde mich dort erwarten. Ich kam in ein Zimmer und wartete. Ich sah überhaupt nichts, denn ein sehr starker Scheinwerfer blendete mich, und ich konnte nicht erkennen, mit wem ich sprach. Hinter dem Scheinwerfer saßen ein paar Menschen. Ich hörte eine Frauenstimme und einige Männerstimmen. Es war eine Art Verhör, und meine Antworten auf die Fragen müssen sie etwas bestürzt haben, denn ich habe nicht gesagt, was erwartet wurde. Man fragte, ob ich die Araber hasse, und ich sagte: »Nein, überhaupt nicht. Ganz im Gegenteil.« Sie waren verblüfft. Und dann fragte die Stimme: »Hasst du die Engländer?« Ich: »Nein, ganz im Gegenteil, ich liebe die englische Kultur. Ich arbeite bei einem englischen Rechtsanwalt.« Und so weiter und so weiter. Als ich rauskam, dachte ich, damit wäre die Sache erledigt. Aber scheinbar habe ich die Leute doch beeindruckt, denn nach ein paar Wochen bekam ich wieder einen Zettel: An dem und dem Tag kommst du zu deiner Kompanie. Ich stand damals ein paar Tage vor oder ein paar Tage nach meinem fünfzehnten Geburtstag. Das war alles ungeheuer aufregend. So habe ich drei Jahre lang eine Art Doppelleben geführt. Am Tag habe ich gearbeitet, wie gesagt bei einem jüdisch-englischen Rechtsanwalt, unsere Klienten waren zum großen Teil Engländer, die ich alle sehr gerne hatte – und abends und nachts war ich im Untergrund. Das war natürlich alles sehr aufregend. Meine Kompanie bestand aus hundertundzwanzig jungen Leuten meines Alters, achtzig Jungen und vierzig Mädchen, und wir trafen uns alle paar Tage. Wir hatten Waffenübungen mit Pistolen. Die Pistolen lagen bei mir zu Hause. Bei mir war das Waffenlager der Kompanie. Drei, vier Pistolen, Revolver, die wir zu bedienen gelernt haben, ohne jemals eine Kugel abzufeuern. Kugeln waren viel zu wertvoll. Wir haben gelernt, die Pistolen auseinanderzunehmen und wieder zusammenzusetzen, zu schießen ohne Patronen, zielen ohne Patronen und so weiter. Darauf stand damals die Todesstrafe. Wir waren zu jung, um hingerichtet zu werden, wahrscheinlich, aber wir hätten doch viele Jahre im Gefängnis verbracht, wenn man uns gefasst hätte, und wahrscheinlich wären wir auch gefoltert worden. Meine Aufgabe war unter anderem, diese Pistolen dorthin zu bringen, wo sie benötigt wurden. Es waren übrigens meistens deutsche Pistolen, es waren deutsche Parabellum und deutsche Mauser. Wir haben auch andere Aufgaben gehabt: Leute beschatten, spionieren, Untergrundzellen gründen in Schulen, Gymnasien und Jugendbewegungen. Das habe ich drei Jahre gemacht. Und dann habe ich etwas vollkommen Unmögliches getan. Ich bin nämlich ausgetreten. Unsere Hymne im Untergrund war: »Aus der Organisation befreit nur der Tod.« Und dass jemand austritt, war sehr sehr, sehr ungewöhnlich. Ich bin ausgetreten, weil zu der Zeit, als ich Mitglied war, Bomben gelegt wurden – nicht von mir natürlich, von älteren jungen Leuten –, in arabischen Märkten, in Jaffa, Haifa und Jerusalem. Hunderte von Menschen sind dabei umgekommen, Männer, Frauen und Kinder. Als Vergeltung für ähnliche Angriffe von der arabischen Seite. Und nach einiger Zeit fand ich das nicht mehr gut. Die Einstellung gegenüber den Arabern gefiel mir nicht. Die Einstellung gegenüber der sozialistischen Bewegung in der jüdischen Gesellschaft gefiel mir nicht. Der Irgun gehörte zu einer politischen Partei, zur Revisionistischen Partei, die auch sozial rechts war, das heißt, die gegen die Gewerkschaften, gegen die sozialistische Bewegung, gegen die Kibbuzim war. Und das alles fand ich nicht gut. Darum bin ich ausgetreten. Aber diese drei Jahre waren unglaublich aufregend. Ich habe zwar gearbeitet, sechs Tage in der Woche acht oder zehn Stunden, aber das war in der Zeit vollkommen unwichtig für mich. Alles, was ich getan habe, war unwichtig im Vergleich zu der Untergrundarbeit. Ich habe Glück gehabt, ich bin nie verhaftet worden. Ein Junge von fünfzehn, sechzehn, siebzehn geht durch die Straßen und bringt eine Pistole irgendwohin, die Pistole ist eingepackt in etwas, das aussieht wie ein Buch. Er trägt sie zwischen zwei Büchern, was aussieht, als seien das drei Bücher. Wenn man so durch die Straßen geht, hat man zwei verschiedene Gefühle: Erstens einen ungeheuren Stolz: hier gehe ich, und ihr alle ringsherum seid blöd und habt keine Ahnung, was ich hier tue. Andererseits: Jeder Mensch auf der Straße sieht aus wie ein Spion, ein britischer Agent oder ein britischer Kriminalpolizist. Und so ist man sich jeden Augenblick der Gefahr bewusst und darauf gefasst, dass etwas passiert. Dann, 1940, kurz nachdem die Deutschen Paris erobert hatten, passierte etwas im Irgun. Bis zu dem Augenblick kannten wir keinen Menschen aus der Führung, alles war konspirativ, der höchste Offizier, den wir kannten, war unser Kompaniechef. Was dahinter, darüber und ringsherum war, davon hatten wir keine Ahnung. Nur ein absolutes, bedingungsloses Vertrauen in die Führung. Im Sommer 1940 hat sich der Irgun gespalten. In den Irgun per se und eine Splittergruppe, die nannte man Stern-Bande. Offizieller Name war »Die Kämpfer für die Freiheit Israels«. Zwischen diesen beiden Organisationen entbrannte ein Kampf der übelsten Sorte. Jeder beschuldigte den anderen der allerschlimmsten Sachen. Die Stern-Leute beschuldigten uns im Irgun, wir seien Verräter, weil wir zu Beginn des Weltkriegs den Kampf gegen die Engländer eingestellt hätten. Wir bezeichneten die andere Seite als Nazis, weil diese Gruppe tatsächlich versucht hat, mit Nazideutschland Beziehungen aufzunehmen, nach dem Motto: die Feinde meiner Feinde sind meine Freunde. Sie haben Kontakt aufgenommen mit der nazideutschen Botschaft in Ankara. Die haben Leute nach Rumänien geschickt, um zu versuchen, Beziehungen zu den Nazis aufzunehmen. Natürlich kam nichts dabei heraus. Damals hatten wir noch keinen richtigen Begriff vom Antisemitismus der Nazis. Dann entbrannte ein ganz übler Kampf zwischen beiden Seiten, und unsere Kommandeure, die wir vorher nicht kannten, hatten plötzlich Namen und Gesichter, was auch dazu beigetragen hat, dass ich ausgetreten bin. Aber diese Jahre am Ende meiner – ja, Kindheit kann man nicht sagen, am Ende meiner Knabenschaft, bis zum siebzehnten, achtzehnten Lebensjahr war das der Hauptinhalt meines Lebens.

Als wir aus Deutschland geflohen sind, haben wir eine große Kiste mitgebracht. Das nannte man damals einen Lift. Heute würde man es einen Container nennen. Der halbe Container war voll mit Büchern. Meine Eltern haben die ganze deutsche Literatur und Poesie mitgebracht. Ein Teil steht heute noch bei mir. Und die habe ich alle gelesen, so ungefähr ab meinem zehnten Lebensjahr. Zu meinem zehnten Geburtstag, noch in Deutschland kurz vor der Auswanderung, habe ich von meinem Vater ein Buch von Émile Zola geschenkt bekommen: *Der Zusammenbruch*. Das habe ich gelesen, als ich gerade zehn Jahre alt war, und dann habe ich weitergelesen, alles, was da war: Heinrich Heine natürlich, Goethe, Schiller, Lessing und so weiter. Noch heute bin ich, wenn ich nach

Deutschland komme und mich mit Deutschen unterhalte, viel besser mit deutscher Literatur vertraut als die Deutschen, mit denen ich spreche.

Zu meiner Arbeit möchte ich noch sagen: Es hat die Leute oft gewundert, auch heute noch, wenn ich sage, dass ich große Sympathie für arabische Kultur, arabische Sprache und so weiter hege, für arabische Geschichte. Das hängt auch damit zusammen, dass ich in einer damals ziemlich ungewöhnlichen Situation war. Wie gesagt, ich habe angefangen zu arbeiten, als ich vierzehn Jahre alt war, bei diesem Rechtsanwalt. Und ein Teil der Behörden und der Gerichte, mit denen ich zu tun hatte, war in Jaffa. Zwischen Jaffa und Tel Aviv gab es so gut wie überhaupt keine Beziehungen. Obwohl sie wie zwei Bezirke in Berlin sind. Eine Seite der Straße war Jaffa und die andere Seite der Straße war Tel Aviv, administrativ. Aber die Leute überquerten diese unsichtbare Linie nicht. Arabische Gemüsehändler vielleicht; oder zu Ostern, wenn Juden kein Brot essen dürfen und es in Tel Aviv faktisch kein Brot gab, sind viele Tel Aviver nach Jaffa gegangen, um Brot zu kaufen. Das war alles. Das gab es einfach nicht, dass Juden persönliche oder gesellschaftliche Beziehungen zu Arabern hatten. Das gab es ganz und gar nicht. Bei ganz hohen Beamten der Mandatsregierung, wo Juden und Araber nebeneinander gearbeitet haben, gab es so etwas wie Beziehungen, aber sonst nicht. Sie waren wie zwei verschiedene Planeten. Ich war eine Ausnahme, denn ein Teil der Gerichte und Behörden war in Jaffa, und ich musste mindestens einmal in der Woche in Jaffa sein und habe dort Leute kennengelernt, habe Araber kennengelernt. Einige fand ich nett, andere nicht. Ich war in Jaffa zu Hause. Ich habe sehr früh in meinem Leben Araber kennengelernt, auch persönlich. Darum waren die Irgun-Leute so entsetzt, als ich gesagt habe, dass ich die Araber nicht hasse. Ich habe Araber nie gehasst. Das hat auch etwas mit Deutschland zu tun. Deutsche Kinder haben damals Karl May gelesen. Karl May hat über die Indianer geschrieben, aber er hat auch einige Bücher über den Nahen Osten geschrieben und ihn sehr romantisiert. Und es gab einen Cowboy, Wildwest-Schauspieler, Tom Mix, Amerikaner natürlich. Der war damals sehr beliebt. Der hat auch einige Filme im Nahen Osten gemacht. Ich habe Bücher gelesen wie »Ivanhoe« von Walter Scott. Ich glaube, deutsche Kinder damals bekamen eine etwas romantische Vorstellung von Arabern vermittelt: der stolze Beduine und solche Sachen.

Als ich ins Land kam, im November 1933, war ich natürlich sehr aufgeregt. Einer der großen Tage meines Lebens war, als ich an Bord eines französischen Schiffs stand, ganz früh am Morgen, und vor uns ein brauner Streifen aus dem Meer stieg und immer größer und größer wurde. Das war das Ufer hier, das Ufer von Jaffa, und ein neues Leben begann. Ich habe praktisch einen Strich gesetzt unter alles, was vorher passiert ist. Jahrelang wollte ich mich überhaupt nicht erinnern an irgendetwas Deutsches.

Jaffa war kein Tiefseehafen, sondern der Dampfer ankerte einen Kilometer vom Ufer entfernt, es kamen große arabische Boote mit sehr stämmigen arabischen Bootsleuten, und man stieg vom Dampfer in diese Boote und wurde zum Ufer gerudert. Dort waren die Beamten, die einen aufgenommen haben, und dann fuhr man, wohin man wollte. Mit der Pferdekutsche oder mit einem Auto. Für mich als Kind war das unglaublich aufregend und anziehend. Alles, was ich sah und hörte, gefiel mir. Die arabische Sprache gefiel mir, die Gerüche von allen möglichen Gewürzen, die ich nicht kannte, und die Aufregung, die Unordnung, die offenen Läden ohne Scheiben und die Kutsche, die uns von Jaffa nach Tel Aviv brachte, und so weiter. Niemand, der damals ins Land kam, kann diese Erfahrungen jemals vergessen. Sie haben sehr verschiedene Reaktionen hervorgerufen. Ben-Gurion, der dreiundzwanzig Jahre vor mir ins Land gekommen ist, auch mit einem Dampfer, an derselben Stelle in Jaffa, erzählt in seiner ersten Biographie, wie entsetzt er war. Er kommt ins Heilige Land, und was sieht er? Araber, die eine ekelhafte Sprache sprechen, die ekelhaften Gerüche, den Schmutz. Alles, alles entsetzte ihn, und er fragte sich: »Ist das das Land unserer Väter?« Diese ersten Eindrücke sind sehr interessant. Beinahe jeder kann dir Geschichten erzählen über diesen ersten Tag. Meine Frau, die aus Berlin kam, als zweijähriges Kind, erzählte, dass sie mit ihrer Mutter die Gangway herunterkam, also die Mutter kam mit dem Kind im Arm herunter, und unten stand ein riesiger schwarzer Araber und rief: »Werfen sie es runter! Werfen sie das Kind runter!« Die Mutter war entsetzt, sie hatte ja keine Ahnung von arabischem Humor. Sie dachte, er meint es ernst. Solche Geschichten hat jeder auf Lager, der damals ins Land kam, vor 1936 natürlich. 1936 wurde der Hafen von Jaffa für Juden geschlossen. Da hat man einen Hafen in Tel Aviv gebaut. Heute ist das ein Vergnügungsviertel, aber damals hat man schnell einen richtigen Hafen gebaut. Aber Jaffa, dieses Ins-Land-Kommen über Jaffa, war ein entscheidendes Erlebnis für jeden. Und so würde ich sagen, dass ich sehr früh schon, von meinem ersten Tag im Land, eine sehr proarabische Einstellung hatte. Ich habe mich sehr viel mit arabischer Geschichte, arabischer Politik und so weiter beschäftigt. Auch als Araber noch ein total fremdes Volk waren, und obwohl Juden und Araber zwar geographisch überall im Land nebeneinander lebten, aber von Anfang an verfeindet waren und getrennt lebten, total getrennt.

Heute ist es noch schlimmer. Aber es hat sich nichts verändert. Es gibt Leute, die sagen, das Land habe sich total verändert. 1967, als wir diese Gebiete erobert haben, habe sich total viel verändert. 1948, als der Staat gegründet wurde. Alles Unsinn. Vom ersten Tag hier im Lande am Ende des 19. Jahrhunderts bis heute hat sich im Grunde überhaupt nichts verändert. Die äußeren Erscheinungen haben sich verändert, aber im Grunde war der Konflikt vom ersten Augenblick an da. Ich war nie Teil dieses Konflikts, denn, wie gesagt, ich habe die Araber nie als Feinde betrachtet, ganz im Gegenteil. Und so habe ich mich auch nicht verändert.

Alijah
Israel Har'el

Ich wurde im November 1938 in Czernowitz geboren, einer Stadt, die heute zur Ukraine gehört. Die Muttersprache meiner Eltern war Deutsch, sie wurden deutsch erzogen. Czernowitz hatte einen ziemlich großen Anteil jüdischer Bevölkerung, die meisten Juden gehörten zur intellektuellen Schicht der Region. Unter ihnen waren viele Schriftsteller, Dichter und Maler. Meine Eltern stammten aus einer ländlichen Gegend, aber Czernowitz war das Zentrum. Als ich noch kein Jahr alt war, brach der Zweite Weltkrieg aus. Und noch ein Jahr später wurde Czernowitz von der Sowjetunion besetzt. Die Kommunisten propagierten Gleichheit und enteigneten Grundbesitzer. Meine Großeltern, die Ländereien besaßen, wurden nach Sibirien deportiert. Wir blieben zurück. Nach dem deutsch-sowjetischen Nichtangriffspakt zogen sich die Russen in den Osten zurück und überließen das Land quasi den Deutschen. Einige Monate später wurden die Juden von den Deutschen in Konzentrationslager deportiert. Uns brachte man nach Transnistrien, in ein Lager, das anfangs ein Arbeitslager war. Die Kinder warteten auf ihre Eltern, die viele Stunden lang für eine Kartoffelsuppe und manchmal eine Kartoffel arbeiteten, mehr gab es nicht. Nach einer Weile wurde mein Vater zum Holzfällen in die Wälder der Ukraine geschickt. Ich erinnere mich noch daran, obwohl ich zu jung war, um richtig zu verstehen, was vor sich ging, aber diese Szene kann ich nicht vergessen. Es war Winter. Die Ukrainer, die mit den Nazis kollaborierten, waren manchmal noch brutaler als die Nazis selbst. Sie nahmen alle arbeitsfähigen Männer mit. Meine Mutter fasste mich an der Hand und lief hinter dem großen Schlitten her, auf dem die Männer saßen. Sie wollte sich von meinem Vater verabschieden. Der Kutscher knallte mit seiner großen Peitsche in Richtung meiner Mutter. Die Peitsche wickelte sich um ihren Hals, wir fielen beide in den Schnee. Er hielt die Peitsche lange straff, damit sie nicht aufstehen konnte.

Ein paar Tage, bevor man meinen Vater wegbrachte, war mein im Lager geborener kleiner Bruder an Hunger und Typhus gestorben. Meine

Mutter hatte einen starken Willen, sie war entschlossen, mich zu retten. Nach ihrer schweren Arbeit ging sie noch zu einem ukrainischen Gutsbesitzer und half dessen Kindern bei den Hausaufgaben oder erledigte andere Arbeiten. Das Lager war nicht so dicht eingezäunt, wie man es von anderen Konzentrationslagern kennt, seine Begrenzungen waren mehr oder weniger durchlässig. Für diese Arbeit bekam meine Mutter Kartoffeln und manchmal ein Stück Brot. Das erhielt mich am Leben.

Ich erinnere mich, dass uns die Rote Armee im Mai oder Juni 1944 befreite, nach etwa vier Jahren Lager. Meine Mutter und ich hatten überlebt. Wir waren frei. Anders als die Amerikaner, die für die im Westen geretteten Juden sorgten, kümmerte sich die Rote Armee nicht um uns. Hin und wieder gab uns ein Soldat etwas zu essen, aber es gab keine organisierte Unterstützung. Meine Mutter beschloss, wie viele andere Juden, in den Westen zu gehen, weil man hörte, dass es dort Orte gäbe, an denen Hilfsorganisationen den Flüchtlingen unter die Arme greifen würden. Wir waren barfuß, aber es war Frühjahr, deshalb war es einigermaßen erträglich. Der Rock meiner Mutter war ein ehemaliger Kartoffelsack. Wir hatten uns einer Gruppe angeschlossen, aber die Menschen wechselten täglich, weil jeder einen anderen Weg einschlug. Wir schliefen im Freien, auf den Feldern, und aßen Gras und alles, was da wuchs. Manchmal erbarmte sich ein Bauer und gab uns etwas. Wir kamen aus dem Osten und liefen westwärts, und eines Tages trafen wir auf eine andere Gruppe, die aus dem Norden kam und südwärts ging. In dieser anderen Gruppe war mein Vater. Nach vier langen Jahren, in denen wir nichts von ihm gehört hatten! Du kannst dir vorstellen, wie glücklich wir alle waren. Er berichtete, dass es ihm nach einigen Monaten Zwangsarbeit gelungen war, zusammen mit anderen Gefangenen zu fliehen. Sie hatten sich in den Wäldern aufgehalten, auch im Winter. Ab und zu beschädigten sie Eisenbahnschienen, aber sie kämpften nicht ständig wie Partisanengruppen, sie waren nicht organisiert. Aber sie hatten Waffen, die sie von Ukrainern gestohlen hatten, und schafften es irgendwie, am Leben zu bleiben. Ab und zu wurde einer geschnappt und ermordet, andere starben an Hunger und Krankheiten. Doch meinem Vater und einigen anderen war es gelungen, zu überleben. Er hatte allerdings durch heftige Schläge sein Gehör verloren.

Wir zogen nun zusammen weiter, bis wir Rumänien erreichten. Dort kamen wir in ein Flüchtlingslager in Cluj (Klausenburg), das von einer jüdischen Hilfsorganisation aus den USA eingerichtet worden war. Wir erhielten Lebensmittel, Kleidung und eine kleine Wohnung.

Die meisten wollten von dort aus weiter in die USA oder nach Südafrika. Mein Vater hatte eine zionistische Erziehung genossen, deshalb war unser Ziel Palästina, Erez Israel[1], obwohl es noch keinen jüdischen Staat gab. Aber alle hofften, dass es eines Tages so weit kommen würde. Wir bereiteten uns auf die Alijah vor. Alijah heißt aufsteigen, emporsteigen, und wird als Audruck für die Einwanderung benutzt. Das Land war damals noch britisches Mandatsgebiet, und die Engländer ließen kaum Juden ins Land. Deshalb war nur eine illegale Einwanderung möglich.

Wir machten uns also mit einigen tausend Menschen auf den Weg zu einem illegalen Schiff, das von einem abgelegenen, normalerweise nicht benutzten Hafen in Bulgarien abfahren sollte, um unbemerkt von den Engländern einzuschiffen.

Die Eisenbahn war kein Personenzug, wir fuhren in Viehwaggons. Ich erinnere mich, dass wir nachts irgendwo in der Walachei anhielten. Wir stiegen aus und liefen zu Fuß durch einen Wald weiter. Tagsüber versteckten wir uns im Wald, nachts liefen wir weiter, eine Nacht, noch eine Nacht. Schließlich erreichten wir die Küste des Schwarzen Meeres, und kleine Boote brachten uns zu einem Schiff, das einige Kilometer vor der Küste ankerte. Wir bestiegen das Schiff und trafen zum ersten Mal die jungen Menschen von der Hagana[2] und dem Palmach[3], die von der jüdischen Bevölkerung Palästinas geschickt worden waren. Für uns waren sie die neuen Juden. Ich weiß noch, wie begeistert wir alle waren. Nach dem Einschiffen, das die ganze Nacht dauerte, fuhr das Schiff am Morgen Richtung Südosten los, durch den Bosporus und die Türkei. Am zweiten Tag wurden wir von einem britischen Zerstörer entdeckt und verfolgt. Sie unternahmen nichts, bis wir das Mittelmeer erreicht hatten. Andere Militärschiffe begleiteten den Zerstörer, und am zweiten oder dritten Tag, als wir uns Zypern näherten, errichteten sie eine Blockade um das Schiff und riefen durch Lautsprecher, der Kapitän solle die Motoren stoppen, sonst würden sie das Schiff mit Gewalt anhalten. Der Führer der Hagana befahl dem Kapitän, weiterzufahren und, wenn nötig, mit einem der Schiffe zu kollidieren. Die Wasserfahrzeuge rückten näher und umzingelten uns. Die Marinesoldaten enterten unser Schiff. Die Haganasoldaten und die jungen Einwanderer bewarfen die britischen Soldaten mit Konservendosen, diese reagierten mit Tränengas und feuerten auch Schüsse ab. Einige Personen wurden tödlich getroffen. Aber wir gaben nicht auf. Sie versuchten, uns Kinder zu Boden zu werfen, aber wir standen immer wieder auf. Wir waren stolz darauf, mit allen zu kämpfen. Ich erinnere mich, dass wir die Nationalhymne »Hatikva« sangen. Und auch, dass die Verletzten schrien. Es war ein riesiges Durcheinander, aber das Gefühl, dass wir unser Schicksal selbst in die Hand genommen hatten, tat gut. Es war ein großes Schiff, und die Briten hatten kein Interesse an einem Zusammenstoß, also ließen sie uns weiterfahren. Wir sahen Haifa und den Berg Carmel, wo du dich, wie du mir erzählt hast, mit A. B. Jehoschua getroffen hast. Wir waren sehr aufgeregt. Wir standen an Deck und sangen immer wieder die Hatikva.

Doch dann wurde das Schiff zum Wenden gezwungen, und wir fuhren nach Zypern. Auf Zypern fand die Konfrontation ein Ende. Wir wurden in ein Lager in Famagusta gebracht. Es gab genug zu essen, die Kinder gingen zur Schule. Gesandte aus Palästina organisierten alles. Aus Haifa und anderen Orte kamen Ärzte, die die Flüchtlinge untersuchten, und die Kranken wurden vom britischen Sanitätscorps behandelt. Wir Kinder spielten den ganzen Tag und bekamen die ersten Lektionen in Hebräisch. Wir hatten Spielzeug aus Amerika und aus anderen Ländern und auch sonst alles, was Kinder brauchen. Zum ersten Mal in meinem Leben sah ich einen Fußball. Wir waren in Zelten untergebracht. Es war wie ein großes Sommerlager. Eines Tages, nach Verhandlungen und Druck aus den USA, durften Familien mit Kindern das Lager verlassen. Das war 1947. Zu diesem Zeitpunkt hatte ich schon einen jüngeren Bruder. Ich war mit meinen sieben Jahren ja schon groß, aber er war ein Baby, ihm hatten wir es zu verdanken, dass wir, zusammen mit ein paar hundert Familien, die auch Babys hatten, nach Haifa fahren durften.

1 Das Land Israel, biblische Bezeichnung für den Staat der Juden bzw. Hebräer.
2 Die Hagana – »Die Verteidigung« – war eine paramilitärische Untergrundorganisation der zionistischen Juden während des britischen Mandats 1920-1948 in Palästina. Nach der Gründung Israels wurde die Hagana in die israelischen Verteidigungsstreitkräfte überführt.
3 Der Palmach – »Einsatztruppen« – war eine paramilitärische Einrichtung, die sich auf das militärische Training von Jugendlichen konzentrierte.

Das Lachen der Geschichte

Micha Ullman

Ich wurde 1939 in der Stand-Straße geboren, ziemlich im Zentrum Tel Avivs. Ich muss acht oder neun Jahre alt gewesen sein, das war 1947, Anfang 1948. Sicher ein paar Monate, vielleicht mehr, bevor die Engländer Israel verlassen haben, ich schätze, das war am 15. Mai, dem Tag der Gründung Israels. Es war also die Zeit des britischen Mandats, und von Zeit zu Zeit verhängten die Engländer eine Ausgangssperre, immer dann, wenn es ein Attentat gegeben hatte oder eine Terrorattacke der israelischen Untergrundgruppen, die gegen die Engländer kämpften. Es gab also eine dieser Ausgangssperren für drei Tage. Für uns Kinder bedeutete das: wunderbar, jetzt kommen die Kampfspiele. Wir sind nie zu Hause geblieben. Wir waren nicht mehr soo jung, das war halb Spielerei und halb Ernst. Einmal – jetzt kommt das, was ich erzählen wollte – haben wir uns getroffen und geplant, eine Barrikade aus Steinen in der Zamenhof-Straße zu bauen. Es war schon gegen Abend, ungefähr sechs Uhr. Es war schon ziemlich dunkel, und wir haben innerhalb einer halben Stunde eine echte, ziemlich massive Barrikade – was Kinder eben so tragen können – gebaut. Danach haben wir uns versteckt. Ich kann mich an jedes Detail erinnern, weil die

Angst enorm war. Jeder hat ein Versteck gehabt, einige auf den Dächern, ein anderer in einer Wohnung von jemandem, und ich auf einem sehr hohen Fikusbaum, sehr nah an der Barrikade. Das war mein Posten. Dann kam eine jüdische Ambulanz schnell angefahren mit Martinshorn und mit einem Davidstern. Das hatten wir nicht geplant. Wir sind sofort alle runtergelaufen, haben die Barrikade geöffnet, die Ambulanz fuhr durch, und wir haben sie wieder zugemacht. Und jeder zurück zu seinem Versteck.

Zwei, drei Minuten danach kommt ein Lastwagen mit etwa dreißig oder mehr englischen Soldaten einer Fallschirmeinheit. Er hält vor der Barrikade, die Soldaten springen mit ihren Tommiguns vom Wagen, sehr militärisch, zwei in diese Richtung, zwei in jene, ein paar machen den Weg frei, und sie fangen an zu suchen. Obwohl die Barrikade nun geöffnet ist, fahren sie nicht weiter. Sie suchen ziemlich aggressiv nach denen, die diese Barrikade gebaut haben. Sie laufen mit ihren Tommiguns umher, und zwei kommen unter meinen Baum und schauen sich um. Ich kann nicht sagen, ob sie nach oben geschaut haben, aber ich habe sie gesehen. Und ich denke, sie hätten spüren müssen, dass der Baum zittert, so, wie ich gezittert habe. Ich hatte sehr große Angst.

Nachdem sie niemanden finden konnten, gingen sie zu ihrem Lastwagen und setzten ihren Weg fort. Danach haben wir die Barrikade nochmal geschlossen. An mehr kann ich mich nicht erinnern. Aber das war meine Kindheitserfahrung. Die Truppe Kinder war etwa sechs, sieben, acht Mann stark. Wir haben militärisch funktioniert, wir Kinder. Und es war Angst dabei. Ich meine, ich war ein guter Junge, ich war kein kriminelles Kind. Ich kam aus einer guten Familie. Dieser Moment war für mich sehr extrem. Wir haben das mehrmals gemacht in vielen Varianten, aber das war am extremsten. Ich muss sagen, dass ich noch Jahre später immer wieder an dieses Erlebnis gedacht habe. Es gibt auch andere Geschichten, aber diese hat für mich deshalb so eine große Bedeutung, weil das für mich als Kind eigentlich eine Intifada war. Das ist das arabische Wort dafür. »Gegen die fremden Besatzer.« Das machen die palästinensischen Kinder heute auch. Auch die jüngeren. Das sind so paar sehr einfache, ja, fast Lebensgesetze, das wird immer überall so funktionieren: Auf eine Besatzung folgt eine Intifada. Auch ich habe es gemacht als Kind. Heute denke ich, dass sie, auch wenn sie uns gesehen hätten, nicht auf uns geschossen hätten. Sie waren schon manchmal sehr aggressiv, aber sie waren doch human und vernünftig. Da muss man allerdings sehr vorsichtig sein. Mein Cousin, der zu der Zeit sechzehn war, war in der Lechi[1], der radikalsten aller jüdischen Untergrundorganisationen; sie waren es, die man Terroristen nannte. Genau wie die arabischen Terroristen. Mein Cousin also war in der Lechi, und ich war mit ihm im Auto. Ich als Kind habe nie etwas gemacht, aber mein Cousin war schon sehr aktiv gegen die Engländer. Und ich finde es okay. Sie haben gekämpft gegen die Besatzer. Alles okay. Nur, später haben sich Lechi und Etzel[2] zu den rechten Parteien entwickelt, gegen die Araber, und daraus ist eine Politik geworden, die meiner Meinung nach vollkommen falsch ist, weil im Laufe der Jahre – nicht von Anfang an, aber man kann sagen nach 1967 – Israel zur anderen Seite übergegangen ist. Sie wurden die Besatzer, auf der bösen Seite. Das ist das Lachen der Geschichte.

1 Lechi – »Kämpfer für die Freiheit Israels«, auch nach ihrem Gründer Avraham Stern »Stern-Bande« genannt, war eine radikal-zionistische paramilitärische Untergrundorganisation in Palästina.

2 Etzel: Abkürzung für »Irgun Tzwa'i Le'umi«, auch Irgun genannt, 1931-1948 terroristische zionistische Untergrundvereinigung in Palästina.

Juden und der Staat – das wird nicht funktionieren

Yoram Kaniuk

Ich habe schon immer an der Schnittstelle zwischen der Identität als Jude und der als Israeli gelebt. Der Jude hat gewonnen, und trotzdem habe ich vor anderthalb Jahren die jüdische Religion verlassen. Ich bin der Erste, der das getan hat. Denn ich wollte durch meine Nationalität Jude sein, nicht durch die Religion. Ich wollte nichtreligiös sein, und ich habe es geschafft. Ich bin heute der einzige Israeli, der Jude ohne Religion ist. Ich liebe den Judaismus, aber nicht das, was hier mit ihm geschieht. Es ist interessant, dass das jüdische religiöse Establishment in Israel das schlimmste in unserer Geschichte ist.

Mein Vater hat immer gesagt: »Juden und der Staat – das wird nicht funktionieren.« Ich weiß also nicht, ob wir es schaffen oder nicht oder wie lange es gutgeht. Ich bin pessimistisch, aber so lange wir können, machen wir das Beste daraus. Doch es gibt hier viele Menschen vom rechten Flügel und viele Orthodoxe, die wissen nicht, was wir waren und welche Pläne wir einmal hatten. Ich spüre, dass es eine große Depression gibt, aber auch eine Art Liebe zu dem Leben hier. Viele Israelis leben in der ganzen Welt, aber die meisten bleiben hier, auch wenn das nicht einfach ist. Man muss in der Armee dienen, es gibt tausend Gründe, von hier wegzugehen. Trotzdem gibt es hier etwas Magisches. Es ist ein gutes Land am Mittelmeer. Libanon, Israel, das sind gute Orte. Aber der Konflikt ist brutal und unlösbar.

Ich schaue mir meinen Enkelsohn an, er ist anderthalb Jahre alt, ich liebe ihn, und er wird eine lange Zeit hier leben – in was für einem Land wird er leben? Wir rutschen immer mehr nach rechts und werden immer religiöser, und das hat nichts mit der Vision zu tun, mit der wir diesen Staat gegründet haben, nichts damit, wie es früher war. Und vielleicht liegt es an unserer Reaktion – wir sitzen einfach da und lassen die Rechten gewähren, denn wir können in Tel Aviv leben, ohne jeglichen Bezug zu den besetzten Gebieten und zur Regierung –, dass sie machen, was sie wollen. Doch dahinter verbirgt sich Verzweiflung. Verzweiflung ist, wenn du aufgibst, ohne ganz zu kapitulieren, weil du immer noch Hoffnung hast. Du hältst die Hoffnung aufrecht und klammerst dich an sie. Israel ist ein Mysterium, und ich bin, glaube ich, ein Produkt der Situation. Ich hasse die Araber nicht, aber wie sollen wir überleben? Eines Tages werden sie einfach einmarschieren, und dann helfen keine Panzer oder Atombomben, und uns bleibt nichts, weil wir uns nie bemüht haben, Teil dieser Kultur zu werden.

Ein Geschenk der Araber

Dani Karavan

Mein Leben mit den Arabern begann in Tel Aviv. Überall gab es welche. Ich sah sie ständig, aber immer mit dem Gefühl, dass sie Fremde seien, das heißt, verbunden mit einer gewissen Angst, die aber nicht wirklich Angst war. Nachts konnten wir von unserem Fenster aus manchmal das Mündungsfeuer sehen, wenn die Araber und die Juden von Ramat Gan einander bekämpften. Das war schon immer ein Problem. Es gab die Geschichte von einem Pogrom, das Araber aus Jaffa in Neve Zedek und im benachbarten Viertel von Tel Aviv veranstaltet haben sollten. Mein Vater musste meine Schwester – ich war noch nicht geboren – aus diesem Gebiet fortbringen, weil es zu gefährlich war. Solche Geschichten werden auf der jüdischen Seite erzählt. Ich bin sicher, dass es auf der arabischen Seite ähnliche Geschichten gibt.

Ich habe ein Geschenk von den Arabern aus Jaffa. Anfang 1947 besuchte ich das Gymnasium in Tel Aviv, in der Hayarkon-Straße, neben dem Hotel Dan. In der Pause gingen wir hinaus, um zu spielen und uns mit Freunden zu unterhalten. Eine Kugel traf mich am Unterschenkel und trat auf der anderen Seite wieder heraus. Durch Zufall wurde ich gerettet. Das ist das Geschenk, das ich von den Arabern bekommen habe.

Western
Amos Oz

Meine Eltern sind schon in den dreißiger Jahren aus Europa geflohen. Sie hatten Glück, denn wenn sie Europa damals nicht verlassen hätten, unfreiwillig natürlich, dann wären sie in den Vierzigern von den Nazis ermordet worden. Sie haben Europa nicht deshalb den Rücken gekehrt, weil sie so wild darauf waren, nach Jerusalem zu gehen, sondern weil der Antisemitismus in Polen immer schlimmer wurde. Das Leben wurde unerträglich. Sie kamen mit einem gebrochenen Herzen nach Jerusalem, denn sie liebten Europa. Sie waren hingebungsvolle Europäer. Und das zu einer Zeit, in der niemand Europäer war. Man war bulgarischer Patriot, oder spanischer Patriot, oder norwegischer Patriot. Die einzigen Europäer in Europa waren damals Juden wie meine Eltern. Weil sie sich selbst als Europäer sahen, wurden sie von allen Seiten verachtet. Man nannte sie Kosmopoliten. Man nannte sie Parasiten. Man nannte sie Intellektuelle ohne Wurzeln. Diese Vorurteile waren die gleichen bei den Nazis und bei den Kommunisten. Um es kurz zu machen: Sie liebten Europa. Aber Europa erwiderte diese Liebe nicht. Sie waren die Pioniere Europas. Denn sie gehörten keinem bestimmten Land an. Beide sprachen viele Sprachen. Beide waren das, was man heute multikulturell nennen würde. Beide liebten das europäische Erbe, die Geschichte, die Kunst, die verschiedenen Literaturen und vor allem die Musik. Es brach ihnen das Herz, als sie gezwungen waren, Europa zu verlassen, und deshalb versuchten sie, mitten in Jerusalem eine europäische Enklave zu gründen.

Ich bin also ein Flüchtlingskind. Ich bin das Kind von Überlebenden. Ich bin der Sohn von Eltern, deren Herzen aus enttäuschter Liebe gebrochen waren. Aus unerwiderter Liebe. Und ich bin zwischen zwei Holocausts aufgewachsen. Der eine Holocaust hatte in Europa stattgefunden und klang in Jerusalem nach, der andere, drohende Holocaust war der, der uns Juden in Jerusalem erwarten würde, wenn die Engländer abgezogen wären, denn viele Menschen waren überzeugt davon, dass die Araber sofort kommen und uns alle umbringen würden. Es gab also den Holocaust der Vergangenheit und den bevorstehenden Holocaust. Es war eine Kindheit voller Ängste und Unsicherheiten.

Es war schwer, wie ein normales Kind zu spielen, denn die Briten verhängten in Jerusalem ab sechs oder sieben Uhr abends eine Ausgangssperre. Eine normale Kindheit war unmöglich, weil so viel Angst und Unsicherheit in der Luft lagen.

Ich war sehr politisch. Seit meinem achten Lebensjahr lese ich Zeitungen. Ich las Zeitungen, ich hörte die Nachrichten, ich hatte ein ausgesprochen politisches Bewusstsein und erkannte die Angst in der Welt. Ich wusste, dass die Welt schlecht war. Hitler war gerade besiegt, Stalin und die USA waren auf Kollisionskurs, in der Luft lag die Bedrohung eines dritten Weltkrieges, und am schlimmsten war die Bedrohung eines Zusammenpralls von Juden und Arabern in Jerusalem.

Als Kind war ich extrem nationalistisch. Ich war ein kleiner Chauvinist. Ich war ein militanter Zionist. Ich schrieb patriotische Gedichte. Ich schrieb Gedichte über die böse Welt und die gerechten Juden. Darüber, wie schlecht und gefährlich alle waren, im Vergleich zu uns, der leidenden Minderheit. Wir waren der Jesus Christus der Nationen. Fünf oder sechs Jahre war ich extrem auf der rechten Seite. Ich war extrem chauvinistisch. Solche Gedichte schrieb ich als Kind. Mit zwölf oder dreizehn änderte ich meine Meinung, und zwar vollständig.

Es hatte etwas mit dem Suizid meiner Mutter zu tun. Sie hat sich umgebracht, als ich zwölfeinhalb Jahre alt war. Und es hatte etwas mit der Erkenntnis zu tun, dass die anderen vielleicht auch etwas zu sagen hatten. Anfangs war ich kein Experte für arabische Angelegenheiten. Als Kind kannte ich nicht viele Araber. Aber ich hatte genug Phantasie, um mir vorzustellen, was ich denken würde, wenn Fremde von einem anderen Planeten in mein Land einfallen und behaupten würden, das Land gehöre ihnen, weil ihre Vorväter hier gelebt hätten. Und ich erkannte schon sehr früh, dass dies kein Western war, mit Guten und Bösen, sondern eine große Tragödie, in der die Rechte der einen auf die Rechte der anderen prallten. Mit zwölf oder dreizehn wurde mir vollkommen klar, dass die palästinensischen Araber nirgendwo anders hingehen konnten, und wir ebensowenig. Das ist noch immer so. Das ist eine traurige Realität.

Ich rebellierte gegen die Welt meines Vaters. Meine Mutter lebte nicht mehr. Er war ein Intellektueller, also beschloss ich, Traktor zu fahren. Er war ein Stadtmensch, also entschied ich mich für den Kibbuz. Er wählte rechts, ich wurde Sozialist. Er war klein, ich wollte groß werden, das ist mir nicht gelungen, aber ich habe es versucht. Also verließ ich das Zuhause mit vierzehneinhalb und lebte in einem Kibbuz.

Als ich nach Hulda kam, gab es dort schon die Jungs aus den Kibbuzim. Die Bauern. Sonnenverbrannt und muskulös. Sie waren stark und schwere Arbeit gewohnt. Ich war ein Stadtkind, blass und schwach und nicht an harte Arbeit gewöhnt. Es war eine harte Zeit, bis die Jungs mich dort akzeptierten. Das dauerte zwei oder drei Jahre. Dann hatte ich mich eingelebt. Das war meine Welt, und obwohl sie sehr klein war, reichte sie mir. Als Romanautor bin ich für die dreissig Jahre im Kibbuz Hulda sehr dankbar, denn es war eine ausgezeichnete Schule, um die menschliche Natur zu studieren. Ich habe dort mehr über die Menschen gelernt, als ich es in New York, Paris oder Tel Aviv gekonnt hätte. Wenn man in einer Großstadt lebt, kennt man zehn Menschen ziemlich gut, vielleicht fünfzehn. Das ist alles. Wenn man in einem kleinen Kibbuz lebt, kennt man jeden. Man kennt alle Geheimnisse. Man kennt jeden Klatsch und Tratsch. Man weiß, was der eine mit dem zweiten hinter dem Rücken eines dritten macht. Man erfährt einfach alles. Ich habe über vier- oder fünfhundert Menschen alles gelernt, was es zu lernen gab. Es war eine wunderbare Akademie der menschlichen Natur. Eine Goldgrube für einen Schriftsteller.

Der Boden unter den Füßen

Judith Rothem

Ich wurde in Budapest geboren, 1942, mitten im Zweiten Weltkrieg. Als ich zwei Jahre alt war, flohen meine Eltern mit meiner Schwester Ruthi und mir aus Budapest, denn die Deutschen, die Nazis, marschierten ein und überfielen die Stadt und das Land. Wir konnten fliehen, weil ein Jude namens Dr. Rudolf Kasztner eine Vereinbarung mit den Nazis getroffen hatte. Die Vereinbarung bestand darin, dass Kasztner das Geld für sechshundert Lastwagen besorgte und dafür 1684 Juden frei bekam. Wir gehörten dazu. Wir verließen Budapest mit einem Zug, den man Kasztner-Zug nannte. Meine Eltern, meine Schwester und zwei Tanten waren in diesem Zug, der unser Leben retten sollte. Es war aber ziemlich kompliziert, weil die Nazis nie ihr Wort hielten. Der Zug brachte uns nicht in die Freiheit, sondern irrte in Österreich und in Deutschland umher, und erst zwei Wochen später erreichten wir das Konzentrationslager Bergen-Belsen. Meine Schwester starb dort fast an der Ruhr, und auch ich wurde sehr krank. In Bergen-Belsen blieben wir sieben Monate. Es war kein Vernichtungslager, das heißt, man schickte die Menschen nicht in Gaskammern. Aber viele, auch Kinder, starben an Hunger, an mangelnder medizinischer Versorgung, an Kälte, an Krankheiten. Weil meine beiden jungen Tanten da waren, blieben wir am Leben, sie halfen meiner Mutter, denn Männer und Frauen waren voneinander getrennt worden, mein Vater befand sich in einem anderen Lagerteil. Wir blieben also am Leben. Das war ein Wunder. Sieben Monate später war der Krieg zu Ende. Wir wurden in ein anderes Lager gebracht, in ein Flüchtlingslager in der Schweiz, in der Nähe von Montreux. Dort blieben wir ungefähr zwei Monate. Als wir in Israel ankamen, war ich drei Jahre alt.

Natürlich habe ich keine wirkliche Erinnerung daran, aber das, was ich erlebt habe, steckt mir in den Knochen. Und ich werde nie, wirklich nie vergessen, dass dieses Land gegründet worden ist, um Menschen wie uns, die den Holocaust erlebt hatten, ein Zuhause zu bieten. Das ist meine sehr alte Erinnerung, noch bevor ich ein Gedächtnis hatte, noch vor der Sprache, vor dem Sprechen, vor allem. Es ist wie ein Subtext, eine grundlegende Erfahrung. Damit hängt alles zusammen. Denn es wäre eine andere Geschichte, wenn meine Eltern vor dem Krieg eingewandert wären. Aber meine Eltern waren naiv und vertrauten dem ungarischen Volk, sie liebten Ungarn, sie waren keine Zionisten. Und sie waren orthodox. So orthodox, dass sie auf ein Zeichen des Messias warteten, um nach Israel zu gehen. Sie glaubten nicht, dass sie selbst etwas tun sollten. Deshalb ist, glaube ich, mein zionistisches Gefühl entstanden, obwohl ich an den Handlungen und Entscheidungen dieser Regierung viel auszusetzen habe. Doch trotz allem werde ich nie vergessen, dass hier der einzige Ort ist, an dem wir willkommen sind. An anderen Orten sind wir unerwünscht. Selbst wenn in Berlin Israelis und Juden leben, auch in den USA und überall. Sie werden toleriert, weil sie hier dieses kleine Land haben. Wenn wir es, Gott behüte, nicht mehr haben, dieses Land, den Staat, bleibt uns gar nichts. Wir werden Menschen sein, die den Boden unter den Füßen verloren haben.

Die meisten Menschen in Israel haben Angst. Sie haben Angst vor der Zukunft. Wir hatten noch nie eine lange Zeit der Entspannung. In der Bibel gibt es Stellen, die mit dem folgenden Satz enden: »Da ward das Land still vierzig Jahre.« Aber wir hatten nicht einmal diese vierzig Jahre. Nie. Alle zehn Jahre, alle zwölf Jahre, alle sieben Jahre haben wir seit 1948 einen Krieg erlebt, und dazwischen wurden und werden von Gaza aus Raketen abgefeuert, unter anderem auf Sderot und Beer Sheva. Ich behaupte nicht, wir hätten damit nichts zu tun, aber wir haben das Gefühl, dass wir hergekommen sind, um endlich Ruhe zu finden, um auf sicherem Boden zu stehen. Aber diese Hoffnung ist vergeblich.

Einwanderer gegen Sabres

Israel Har'el

Anfang 1948, noch vor Beginn des Unabhängigkeitskriegs im Mai, beschlossen meine Eltern, sich in Haifa niederzulassen. Man brachte uns in ein Flüchtlingslager, das die Hagana organisiert hatte. Es war wie auf Zypern, aber ohne Zaun. Das war schon nach der UN-Resolution zur Gründung zweier Staaten, eines jüdischen und eines arabischen, und somit einer Teilung Palästinas. Die Araber lehnten die Resolution ab und begannen mit Straßenterror, besonders in Haifa, einer Stadt, in der Juden und Araber gemeinsam lebten. Mein Vater hatte eine Arbeit am Hafen gefunden und fuhr jeden Tag mit einem gepanzerten Bus zur Arbeit. Täglich wurden Leute angeschossen. Ich weiß noch, dass wir manchmal nicht wussten, ob mein Vater abends von der Arbeit nach Hause kommen würde. Noch bevor Ben-Gurion den Staat ausrief, hatte die arabische Bevölkerung damit begonnen, die Juden in Haifa zu bekämpfen. Es war ein regelrechter Bürgerkrieg.

In den ersten Jahren nach der Unabhängigkeitserklärung nahm der junge israelische Staat anderthalb Million Juden auf, er verdreifachte die Zahl der jüdischen Einwohner. Wir machten das ohne irgendwelche Ressourcen. Jeder musste das, was er hatte, mit den Neuankömmlingen teilen. Kein Staat in der Geschichte hat seine Bevölkerung innerhalb von eineinhalb Jahren verdreifacht. Die Regierung und Ben-Gurion hatten entschieden, es sei die richtige Zeit. Alle Flüchtlinge, die es nicht geschafft hatten, vor der Staatsgründung nach Israel zu kommen, Hunderttausende, die auf Zypern oder noch in Europa festsaßen, ließ der Staat kommen, und die Hagana verwandelte sich in eine israelische Verteidigungsarmee. Außerdem gab es Hilfe von den amerikanischen Juden. Es kamen nicht nur Überlebende aus Europa, sondern auch aus dem Orient: aus dem Irak, dem Iran und anderen arabischen Ländern. Ich glaube, es war unsere größte Stunde, dass wir diese Menschen aufgenommen haben. Aber wir waren mittellos, es gab nicht genug Geld für Essen, deshalb wurde alles rationiert. Man bekam Lebensmittelmarken. Zum Beispiel erhielt jedes Kind zwei

Eier in der Woche, und eine vierköpfige Familie ein Kilo Zucker im Monat. Damit mussten wir auskommen. Wer konnte, besorgte sich zusätzliche Lebensmittel auf dem Schwarzmarkt. Mein Onkel war einer der Kontrolleure zur Einhaltung der Rationierung. Manchmal hatte er Dienst an einer sehr befahrenen Kreuzung, die von allen Bussen passiert wurde. Die Kontrolleure bestiegen die Busse und prüften, ob die Menschen nicht irgendwelche Nahrungsmittel schmuggelten. Eines Tages, es war vor dem Pessach-Fest[1], schickten mich meine Eltern zu einem entfernten Cousin aufs Land. Ich war neun oder zehn Jahre alt, und sie dachten, wenn man ein Kind erwischt, ist es nicht so schlimm. Ich meine: wenn sie meinen Vater erwischt hätten, wäre er vor Gericht gekommen. Deshalb schickten sie mich nach Galiläa, um ein Huhn und ein paar Eier zu holen. Ich hatte mich vergeblich gewehrt, ich fühlte mich schrecklich. Bei den Verwandten wurde mir ein gutes Essen vorgesetzt, dann schickten sie mich mit einem Huhn und Eiern wieder nach Hause. Ich weiß nicht, was sie getan hatten, damit das Huhn still blieb. Ich sollte das Huhn und die Eier in die Gepäckablage legen. Wenn jemand das Huhn nehmen und fragen würde, wem es gehört, sollte ich keine Antwort geben. Man würde mich nicht verdächtigen, weil ich ein Kind war. Als wir den Kontrollpunkt erreichten, stieg ein Kontrolleur in den Bus. Und wer war es? Mein Onkel. Er fragte mich: »Was machst du hier?« Ich wurde rot. Er schaute zum Gepäcknetz hoch und begriff sofort, was los war. Er ließ es durchgehen, aber abends besuchte er uns, und ich weiß noch, wie er mit meinem Vater schimpfte, wie er so etwas hatte tun können, mich aufs Land zu schicken. Aber wir hatten ein Huhn für das Fest, und das war etwas Besonderes. Niemand hatte damals frisches Fleisch. Man aß abgelaufene Konserven aus Beständen der US-Armee, alles, was vom Zweiten Weltkrieg übrig geblieben war. Die israelische Regierung kaufte die Restbestände auf, und die Konserven wurden rationiert. Ich wiederhole mich: es gab Leute, die Geld hatten, die es geschmuggelt und versteckt hatten und es zurückholten. Oder sie hatten Verwandte in den USA oder Südamerika, die ihnen Geld oder Lebensmittel schickten. Wer entsprechende Beziehungen hatte, konnte sie nutzen.

Junge Einwanderer aus orientalischen Ländern, zum Beispiel Eli

Amir[2], fühlten sich diskriminiert und schrieben später Bücher über diese harte Zeit. Vielleicht hatten sie etwas anderes erwartet, aber die Situation war nun mal so. Immigranten sind immer unterlegen. Das spürst du besonders in der Schule. Die Einheimischen sind hier zu Hause, und du bist nur ein Neueinwanderer. Aber hier war es noch etwas anders. Die Holocaust-Überlebenden – ich spreche nicht von mir, ich war ja erst sieben oder acht Jahre alt gewesen, sondern von Menschen im Alter meiner Eltern, die Veteranen – hatten Schuldgefühle. Ein Grund dafür war, dass die Einheimischen sie von oben herab behandelten. »Warum seid ihr wie Schafe zur Schlachtbank gegangen? Warum habt ihr nicht gekämpft? Warum sagt ihr, dass man nie genau wusste, was demnächst passiert? Warum habt ihr immer noch gehofft, dass man euch in ein Arbeitslager schickt, und alles würde wieder gut?« Beide Seiten hatten Schuldgefühle. Die Einheimischen hatten Schuldgefühle, weil sie nicht genug geholfen hatten, und die Überlebenden hatten Schuldgefühle, weil sie überlebt hatten. Es war eine schwierige Situation, und wir Kinder haben das gespürt, wir sagten uns: »Was tust du hier? Deine Eltern waren Angsthasen, sie haben nicht gegen die Nazis gekämpft.« Mit diesem Gefühl mussten wir leben. Außerdem gaben sich die Sabres[3], also die in Israel geborenen Juden, heldenhaft. Sie waren ohne die Komplexe der Diaspora aufgewachsen, sie waren die neue, freie Generation und kannten keine Angst. Und wir waren die Kinder der Menschen, die aus der Diaspora gekommen waren, Kinder der Feiglinge. Man war nach Israel gekommen, um eine Nation und einen Staat aufzubauen, aber man fühlte sich minderwertig, die anderen gaben einem das Gefühl, kein vollwertiger Partner zu sein.

Dann passierte etwas, das die Struktur der Gesellschaft vollkommen veränderte. Die Deutschen begannen mit den Wiedergutmachungszahlungen. Das war um 1952/53. Meine Eltern waren auf der Liste der Empfangsberechtigten. Ich glaube, du bist der Erste, dem ich diese Geschichte erzähle, nur meine engste Familie weiß darüber Bescheid. Als Kind hätte ich sehr viel Geld bekommen können, da ich in der NS-Zeit nicht zur Schule gehen konnte und viel gelitten hatte. Aber ich habe die Wiedergutmachung abgelehnt. Bis heute. Ich hätte das Recht, eine lebenslange Rente aus Deutschland zu beziehen, aber ich hatte beschlossen, von den Mördern kein Geld anzunehmen. Ich war ein Kind, als ich das selbständig beschloss. Ich verurteile meine Eltern nicht, dass sie das Geld angenommen haben, sie waren gebrochene Menschen. Ohne dieses Geld hätten sie es nicht geschafft. Ihr Kind wurde ermordet, ihre Familien, sie waren gebrochen. Ich verstehe sie. Übrigens, die deutschen Juden haben richtig dicke Renten bekommen, wir, die wir aus anderen Ländern kamen, bekamen weniger. Aber meine Eltern waren bescheiden, und mit dem Verdienst meines Vaters und der deutschen Rente konnten sie auskommen.

Nicht nur Privatpersonen erhielten Wiedergutmachung, auch der Staat bekam Geld aus Deutschland. Adenauer und Ben-Gurion hatten das Wiedergutmachungsabkommen geschlossen, wonach Deutschland jedes Jahr einige hundert Millionen Mark als Entwicklungshilfe für den Aufbau des Staates Israel zahlte. Das war die Wiedergutmachung des deutschen Volkes. Es war sehr umstritten, die Cherut Partei[4] unter Menachem Begin organisierte Demonstrationen, es gab Auseinandersetzungen mit der Polizei, sie sagten, mit dem Geld erkaufe sich Deutschland so etwas wie Vergebung, wir sollten nicht zustimmen, wir seien ein stolzes Volk. Sie waren die Mörder, wir sollten das Blutgeld nicht annehmen. Die Deutschen geben alle möglichen Unterstützungen, zum Beispiel bezahlen sie es bis heute, wenn man irgendwelche medizinischen Hilfsmittel braucht. Ich bin in einem Alter, in dem ich das vielleicht mal nötig habe, aber ich habe beschlossen, nichts anzunehmen. Ich fahre auch keine deutschen Autos. Wenn mich jemand in seinem Auto mitnimmt, dann schon, ich bin nicht so extrem, dass ich nicht in ein deutsches Auto einsteigen würde. Aber ich würde nie ein deutsches Auto kaufen. An eine Begebenheit erinnere ich mich: Ich brauchte einen Film für meinen Fotoapparat. Im Laden hatten sie keinen Kodak-Film mehr, da habe ich eben einen Agfa gekauft. Wie gesagt, ich bin kein Fanatiker.

1 Das Pessach-Fest erinnert an den Auszug aus Ägypten, die Befreiung der Israeliten aus ägyptischer Sklaverei.

2 Eli Amir, *1937 in Bagdad, emigrierte 1950 nach Israel. Er ist Schriftsteller und diente als politischer Berater unter Golda Meïr und Jitzchak Rabin.

3 Wörtlich: »Kaktusfeige«, bezeichnet einen in Palästina oder im später gegründeten Israel geborenen Juden.

4 Die konservativ-nationalistische Cherut Partei – übersetzt »Freiheit« –, war die Partei des revisionistischen Zionismus. Gegründet 1948 von Menachem Begin als politische Nachfolgeorganisation des Irgun.

Mit der Erde spielen

Orly Castel-Bloom

Wenn Kulturen miteinander verschmelzen, geschehen seltsame Dinge. Es kommt zu den verschiedensten Mutationen, und in Israel haben wir alle möglichen Formen von Mutationen. Jetzt gibt es Rassismus wegen der Äthiopier, weil sie schwarz sind. Ich hatte eine Wohnung in einem sehr hübschen Viertel, in das Wohnwagen mit äthiopischen Juden gebracht werden sollten. Ein Schock! Es kam zu heftigen Protesten. Nein! Schwarze Juden in unserem Stadtteil? Niemals! Das war in den Neunzigern. Rassismus ist etwas Unglaubliches. Jetzt haben wir auch Menschen aus Darfur hier bei uns. Ein großer Konflikt. Hast du sie im Süden von Tel Aviv am alten Busbahnhof gesehen?

Wir bewegen uns hier von einem Krieg zum anderen. Das macht einen sprachlos. Ich weiß nicht mehr, was ich dazu sagen soll. Früher waren wir naiv. Jetzt warten wir einfach ab. Ich habe heute Pflanzen beim Gärtner gekauft. Lasst uns mit der Erde spielen, solange sie uns noch gehört. Ich möchte nicht über die Zukunft reden.

Unter dem Baum

Mohammad Ali Taha

Ich wurde 1941 geboren. Noch vor der Geburt Israels. Mir stand es nicht frei, Israel zu wählen. Israel hat mich gewählt. Israel kam zu mir. Seine Ankunft war nicht schön, sie war eine Katastrophe. Sie hat mein Haus und mein Dorf zerstört und mich zu einem Flüchtling gemacht, der unter Hunger und Armut litt. Ich lebte mit meiner ganzen Familie vier Monate lang auf einem Berg, unter einem Baum. Wir lebten unter diesem Baum auf dem Berg von Juni bis Oktober 1948. In dieser Zeit erlebten wir eine Tragödie. Ich war zusammen mit meinem Vater, meiner Mutter, meinem Bruder und meiner Schwester. Unter dem Baum wurde meine Schwester krank. Wir konnten sie nicht behandeln, und sie starb. Sie starb unter dem Baum. Das Problem war, wo wir sie hinbringen sollten, wo wir ein Grab für sie finden konnten. Ich erinnere mich noch, wie mein Vater sie in den Armen hielt, wie er mit ihr in das Dorf Sakhnin ging und sie auf dem Friedhof begrub. Und ich weiß nicht, wo ihr Grab ist, bis heute nicht.

Ben Gurion ist der Satan

Asher Reich

Ich erinnere mich an den Tag, als Israel ein eigener Staat wurde, denn ich bin älter als mein Staat. Damals war ich acht Jahre alt. Und ich erinnere mich an die ersten Graffiti, die ich gesehen habe. Die Ultraorthodoxen hatten geschrieben: »Ben-Gurion ist der Satan.« So stand es auf einer Wand in Jerusalem. Zu der Zeit ging es sehr streng zu in unserer Gemeinde. Ich konnte nicht rausgehen. Ich fühlte mich wie in einem Ghetto. Aber jetzt, im Rückblick, kann ich verstehen, warum das so war. Ich glaube, dass die Leute in unserem Bezirk Angst davor hatten, dass Ben-Gurion, der einen neuen Staat für die Juden geschaffen hatte, den jungen Leuten imponieren würde und sie aus dem orthodoxen Gebilde ausbrechen würden. Ihre Locken abschneiden würden, ihre schwarzen Kleider wegwerfen. Gehen, um frei zu sein und säkular zu leben, zum Militär gehen, so wie die jungen Israelis das müssen.

Und das wollten die Alten nicht, und deswegen durften wir damals nicht aus dem Haus gehen. Sie waren strenge Antizionisten. Sie waren der Meinung, es sei noch zu früh, ein Land zu gründen. Ihrer Meinung nach war es auch verboten, Hebräisch zu sprechen. Das sei eine Sprache, die bei der Ankunft des Messias gesprochen werden soll. Und wenn der Messias kommt, kann man nicht einen Staat Israel haben. Es sei eine gute Sache, im Heiligen Land zu leben, aber es solle keine Regierung und keinen Staat geben. Das waren meine Erfahrungen in diesen Zeiten.

Unter den Orthodoxen geboren zu werden, das ist, wie unter Robotern zu leben, alle sehen gleich aus, und ich habe das gehasst. Wenn einer nur einen Funken Individualität entwickelte, wurde er schräg angesehen. Ich war verzweifelt. Gibt es einen Gott? Wer ist Gott? Was sind meine Verpflichtungen gegenüber diesem Gott? Meiner Meinung nach ist der Glaube an Gott eine private Sache und intimer als die Verbindung zwischen einer Frau und einem Mann. Das muss man mit sich selber ausmachen, das kann einem niemand befehlen. Als ich in die Jeschiwa[1] gegangen bin und sagte, dass ich Zweifel habe, hat der Rabbi gesagt: »Was? Geh sofort und faste und bete.« Da habe ich verstanden, dass ich weggehen muss. Ich war damals schon älter, fast achtzehn Jahre alt.

Einen Monat später bin ich weggegangen. Aus einer solchen Gemeinschaft auszubrechen war sehr schwer. Man hat keine Familie, keine Freunde oder Bekannte. Also habe ich in einem Bus gewohnt. Ich habe jemanden kennengelernt, bei dem ich im Geschäft arbeiten konnte. Ich habe Zementsäcke geschleppt. Der Bekannte sagte mir, ich solle zum Militär gehen, ich sei schon achtzehn Jahre alt, und nachher werde sich schon alles fügen. Und so habe ich das dann auch gemacht. Das hat mein Leben sehr beeinflusst.

In dem ultraorthodoxen Bezirk, in dem ich geboren wurde, habe ich die Werte schon gelebt. Es war verboten, Hebräisch zu sprechen, aber was habe ich von acht Uhr morgens bis acht Uhr abends gemacht? Ich habe den Talmud studiert, und die Gebete sind in Hebräisch. Daher konnte ich schon Hebräisch. Dann begann die Stunde null. Ein neues Leben.

1 Als Jeschiwa wird eine Talmudhochschule bezeichnet.

Ich habe Hitler gerettet

Sarah Blau

Ich habe eine Geschichte für dich, nicht nur über den Staat, sondern über den Staat und die Religion. Es geht um den Feiertag »Lag Ba'Omer«. Kennst du den? Am Lag Ba'Omer zündet man ein Lagerfeuer an. Warum man das macht? Hast du von Bar Kochba gehört? Vor zweitausend Jahren hat Bar Kochba gegen die Römer rebelliert, und er hatte fast Erfolg. Aber am Ende wurde er besiegt. Einmal hatte er eine große Schlacht gewonnen, und weil es keine Telefone oder andere Mittel gab, um die Nachrichten zu verbreiten, zündeten sie große Lagerfeuer an, um zu zeigen, dass Bar Kochba gewonnen hatte. Bis heute wird das gefeiert. Lag Ba'Omer ist im Mai, und die Kinder warten immer auf die großen Lagerfeuer. Ich glaube, ich bin selbst eine halbe Pyromanin. Ich liebe es, ins Feuer zu schauen. Ich zünde keine Wälder an, aber ich liebe Feuer. Eine Woche vor dem Lag Ba'Omer fängt man schon an, Zweige zu sammeln, und jeder schaut, wer das größte Lagerfeuer hat. Das ist typisch israelisch. Das Problem in Israel ist ja, ob das Land, wie von den Europäern verlangt, kooperieren wird. Wie lange kann man stur bleiben? Bar Kochba war stur. Es gab damals nicht rechts oder links, aber er war mit Sicherheit rechts, sogar ultrarechts. Also denken die Menschen in den letzten Jahren über Lag Ba'Omer nach, man denkt über die Feiertage und ihre Symbole nach. Auch die Menschen, die nicht religiös sind, fangen an, über Lag Ba'Omer nachzudenken, sie wollen wissen, warum es gefeiert wird und wer Bar Kochba war. Er war ein Fanatiker. Er hat sich gegen die ganze Welt gestellt. Lag Ba'Omer ist nicht nur ein religiöser Feiertag, er gilt eher als nationaler Feiertag, denn er hat nichts mit der Tora zu tun, es ist ja ein historisches Ereignis. Die Frommen verbrennen an diesem Tag eine Puppe. Jedes Jahr basteln wir eine Puppe, die einem Menschen ähnelt, und verbrennen sie. Früher stellte sie Hitler dar, wir verbrannten Hitler. Aber in den neunziger Jahren verbrannten wir Arafat, dann Saddam Hussein und selbstverständlich auch Ahmadinedschad. Aber Hitler bleibt die klassische Puppe. Die Puppen sehen fast echt aus. Es ist kein schöner Anblick, wenn die Puppe brennt. Ich weiß noch, dass ich mit zehn Jahren eine Freundin besuchte. Wir waren eine kleine Gruppe, die ein Feuer machte, aber die Jungen aus der Nachbarschaft wollten ein ganz großes Feuer machen und waren schon ganz aufgeregt deswegen. Als ihr Bruder weg war, schlichen wir in sein Zimmer und sahen seine Hitlerpuppe. Sie lag auf dem Bett, überlebensgroß, und sah sehr echt aus, wie ein ganz normaler Mensch. Sie hatten ihm ein Hemd und eine Hose angezogen, sein Gesicht war ausgeformt, die Augen waren aus blau angemalten Steinchen. Die Hitlerpuppe lag also da und sollte zwei Tage später verbrannt werden. Ich erinnere mich, dass er mir leidtat. Er sah sehr traurig aus. Ich sagte: »Sie können ihn doch nicht einfach verbrennen. Komm, retten wir ihn.« Meine Freundin hatte natürlich Angst vor ihrem Bruder, aber dann habe ich sie doch überredet. Einen Tag vor dem Fest stahlen wir die Puppe und versteckten sie. Ich hatte das Gefühl, sie vor dem Krematorium gerettet zu haben. Zwei Jahre später, als ich zwölf war, erzählte ich es meinem Vater. Er wusste nicht, wie er reagieren sollte. Einerseits fand er gut, dass ich Mitleid hatte, andererseits konnte er nicht übersehen, dass es sich bei der geretteten Puppe um Hitler gehandelt hatte. Ich weiß noch, wie er mich ansah, man konnte ihm seine Gedanken förmlich am Gesicht ablesen. »Einerseits ist sie fähig, Mitleid zu empfinden. Aber sie hat Hitler gerettet! Was für ein Mensch wird sie werden?« Ich kann mich lebhaft an diese Szene erinnern. Meiner Ansicht nach ist diese Geschichte sehr symbolisch. Der Feiertag, das Lagerfeuer, der Charakter dieses Bar Kochba und das Verbrennen von Hitler. Ich habe Hitler gerettet.

Ihr Bruder verdächtigte die anderen Jungen. Im Wald – oder naja, eigentlich haben wir in Israel keine Wälder, es war ein Platz neben dem Haus mit einigen Bäumen. Dort versteckten wir die Puppe. Nachdem ihr Bruder verstanden hatte, dass es nicht seine Kumpel gewesen waren, hatten wir große Angst, dass er uns erwischen würde. Deshalb machten wir die Puppe kaputt. Die Kleidungsstücke warfen wir in den Müll, und das Gesicht zerstörten wir. Ich wollte Hitler retten, und vor der öffentlichen Verbrennung rettete ich ihn auch, aber letztendlich habe ich ihn vernichtet. Ich hätte es meinem Vater erzählen sollen. Das hätte er vielleicht besser gefunden.

Unter dem Regime von Bet Ya'akov

Judith Rothem

Ich war schon immer sehr rebellisch. Das fing an, als wir von Givat Shmuel, einem kleinen Dorf, wegzogen. Es war ein sehr kleiner Ort mit kleinen Häusern und viel Grün, es gab Orangenhaine und überall Bäume, und die Häuser waren von kleinen Gärten umgeben. Jetzt sieht es dort ganz anders aus. Wir zogen von Givat Shmuel weg, als ich zwischen der vierten und fünften Klasse war, in die benachbarte Stadt, nach Bnei Brak. Bnei Brak ist eine sehr orthodoxe Stadt. Meine Eltern klärten meine Schwester und mich nicht über diese Tatsache auf. Es hieß nur: »Mädchen, morgen ziehen wir nach Bnei Brak.« Ich war sehr bestürzt, weil ich das kleine Dorf liebte. Und nach den Sommerferien stellte ich fest, dass ich in eine orthodoxe Schule ging. Es war eine Mädchenschule, und die ganze Atmosphäre war vollkommen verrückt – verrückt fromm.

Als ich zwölf wurde, musste ich Kleider mit langen Ärmeln und lange Strümpfe tragen und – Gott behüte – nichts in der Farbe Rot. Alles wurde danach beurteilt, ob es sittsam war oder nicht. Die ganze Zeit ging es um Sittsamkeit. Sittsamkeit und immer wieder Sittsamkeit. Schon bald stellte ich fest, dass es auch nicht erlaubt war, zu lesen. Und dabei war ich schon seit dem ersten Schuljahr eine Leseratte gewesen. Ich durfte nicht in die Bücherei gehen und mir Bücher ausleihen, weil die Bücherei nicht so fromm war wie die Schule.

Nach der Grundschule wollte ich ein Gymnasium besuchen, an dem ich Abitur machen konnte, um später die Universität zu besuchen. Aber in der Bet-Ya'akov-Schule, unter dem Regime Bet Ya'akov – das ultraorthodox ist – dürfen Mädchen kein Abitur machen, Mädchen ist es nur erlaubt, Lehrerin oder Kindergärtnerin zu werden. Warum? Auf diese Art können Frauen arbeiten und Geld verdienen, während ihre Männer den ganzen Tag lang die Tora studieren. So erziehen sie die Mädchen. Alle Mädchen müssen den gleichen Weg einschlagen, alle Mädchen von Bet Ya'akov. Das ist im ganzen Land der Name für das Erziehungsnetz für orthodoxe Mädchen. Ich wurde gezwungen, das Lehrerinnenseminar zu besuchen, obwohl ich es nicht wollte. Ich wollte Abitur machen, zur Universität gehen, studieren, lesen, schreiben.

Als mir klar wurde, dass meine Eltern es nicht erlaubten und auch die Lehrer dagegen waren, ging ich zum Gymnasium und schrieb mich ein, ohne meine Eltern. Das war sehr mutig von mir, denn ich brauchte dafür Geld, aber ich hatte bereits zwei Stipendien. Also fing ich am Gymnasium an, ich war dreizehn Jahre alt. Für das Abitur hätte ich vier Jahre lernen müssen. Nach drei Jahren nahm mich mein Vater vom Gymnasium, er wollte nicht, dass ich meinen Abschluss machte. Ich hörte also auf zu lernen, und ein Jahr später wurde ich verheiratet. Ich machte dann doch noch mein Abitur, als Externe. Und ich hatte die Berechtigung fürs Lehramt.

Verheiratet war ich mit einem Mann von einer Jeschiwa. Er hatte mich ausgesucht. Du könntest natürlich immer nein sagen, niemand kann dich zwingen. Aber wenn du dein Elternhaus verlassen willst, hast du als orthodoxes Mädchen keine andere Wahl, als zu heiraten. Du kannst nicht wie andere zur Armee gehen, du kannst nicht zur Universität gehen, du kannst noch nicht einmal Zivildienst leisten, wie andere religiöse Mädchen. Wenn du orthodox bist, kannst du nirgendwohin gehen. Du musst zu Hause bleiben oder heiraten. Es gibt keine große Auswahl, weil die Männer immer die gleichen sind, Männer, die in einer Jeschiwa studieren. Ob es dieser Mann ist oder ein anderer, spielt keine große Rolle. Sie sehen gleich aus, sie sind gleich, sie denken gleich. Und wenn du mit achtzehn Jahren noch nicht verheiratet bist, dann bist du es spätestens mit zwanzig Jahren. Das Spektrum ist nicht breit, die Möglichkeiten sind beschränkt. Also heiratete ich mit achtzehn Jahren einen Mann, der sechs Jahre älter war als ich. Und ich war sicher, dass er mir alles erklären würde. Ich dachte, es sei gar nicht so schlecht, ihn zu heiraten, denn zu Hause, mit einem Vater, der mich ständig anschrie, hielt ich es nicht mehr aus. Mein Vater war ein guter Mann, aber er konnte mir nichts erklären. Er konnte mir nicht klarmachen, warum ich das eine machen sollte und das andere nicht. Mein zukünftiger Mann hatte schon viele Jahre an der Jeschiwa verbracht, alle sagten, er sei genial, er sei gescheit, er könne mir alles erklären. Ich wollte diese Art zu leben nicht aufgeben. Damals hatte ich noch keine andere Vorstellung, ich wolle kein nichtreligiöses Leben führen. Ich wollte religiös bleiben, aber ich wollte verstehen. Verstehen, was dahintersteckt, den Sinn verstehen. Das war sehr wichtig für mich.

Ich fing an, als Lehrerin zu arbeiten, während er weiter studierte, und in zwölf Jahren bekam ich neun Kinder. Außerdem hatte ich noch eine Fehlgeburt im sechsten Monat. Zwei meiner Babys sind gestorben. Mein erstes Kind, eine Tochter, starb im ersten Lebensjahr, und mein drittes Kind, auch eine Tochter, starb, als sie sechs Monate alt war. Doch ich hatte – Gott sei Dank – sieben lebende Kinder, einen Sohn und sechs Töchter. Und nach zwanzig Jahren Ehe ging ich. Es war das Ende eines Prozesses, so etwas tut man nicht von einem Tag auf den anderen. Ich musste es arrangieren, ich musste behutsam vorgehen, mit Bedacht. Ich begann mit den Vorbereitungen, als ich dreiunddreißig oder vierunddreißig Jahre alt war. Und ganz langsam fand ich einen Weg hinaus, und auch das tat ich mit Bedacht, obwohl es sehr schwierig war, es gab viel Streit. Die Mädchen nahm ich mit mir. Mein Sohn blieb dort. Ich fragte ihn: »Elazar, was möchtest du tun? Willst du mit mir kommen oder hierbleiben?« Und er antwortete: »Mutter, ich liebe dich und ich werde immer dein Sohn sein und dir immer nah sein. Aber ich liebe diese Lebensart, ich liebe das Studieren, ich liebe die Tora, ich möchte orthodox bleiben.« Ich habe das selbstverständlich akzeptiert und war ihm nicht böse.

Im Nachal

Tomer Gardi

Als meine Eltern 1966 sechzehn Jahre alt waren, traten sie der linken zionistischen Jugendbewegung »Haschomer Hazair« bei. Das Ziel dieser Bewegung war, das Land aufzubauen, und sie war, wie alles in Israel, irgendwie paramilitärisch. Üblich war die automatische Rekrutierung von der Jugendbewegung in eine spezielle Einheit der Armee, die den regulären Einheiten gleichgestellt war. Zusätzlich gab es aber auch Einheiten, die innerhalb der Grenzen von 1948 neue Siedlungen bauen sollten. Aus diesen Einheiten wurden also Soldaten zu Gruppen zusammengestellt, die zu verschiedenen Stützpunkten geschickt wurden, um ein neues Dorf zu gründen. 1966, noch vor der Okkupation von 1967, schickte man sie vor allem in Gebiete, in denen die meisten Einwohner Palästinenser waren. Diese Orte waren weit entfernt von den Städten, meist nahe der Grenze. Man errichtete einige Baracken und baute einen Zaun, aber das Ganze war kein militärischer Stützpunkt, die Siedlung war für Zivilisten gedacht und dazu bestimmt, schon existierende jüdische Siedlungen zu unterstützen. Meine Eltern meldeten sich freiwillig für eine solche Einheit, die man »Nachal«[1] nannte und die es heute noch gibt. Sie kamen zum Kibbuz Dan. Damals, noch vor der Besetzung der Golanhöhen, gab es in jener Gegend kaum Kibbuzim, und die Grenze war sehr nah.

Sie führten dort eine seltsame Existenz zwischen einem normalen Dorfleben und einem Stützpunkt, der die Grenze schützen und wo jüdische Kinder in die Welt gesetzt werden sollten. Deshalb waren sie, zusammen mit anderen, in diesen 1933 gegründeten Kibbuz geschickt worden.

Kibbuzim waren schon immer weit entfernt von den Ballungsgebieten. Manche wollten tatsächlich dort leben, weil es romantisch und schön war, aber ich nehme an, dass es nicht immer einfach war, Menschen für ein solches Leben zu begeistern. Den Kibbuz gab es also schon, mit Erwachsenen, mit Kindern und einem Kindergarten. Meine Eltern heirateten und beschlossen, dort zu bleiben. Das war 1968. Ich wurde 1974 geboren. Damals herrschte in den Kibbuzim noch das System, dass die Kinder in Kinderhäusern aufwuchsen, wo sie auch schliefen. Für mich war das nichts Außergewöhnliches, ich kannte es nicht anders. Ich glaube, dass jede Kindheit auf eine eigene Art und Weise beschissen ist, mit meiner war es nicht anders. Ich erinnere mich, dass ich darunter litt, von den Eltern getrennt zu sein. Ich sehnte mich nach mehr Nähe, als mir zugestanden wurde. Wir schliefen im Kinderhaus, wir wachten dort auf, wir frühstückten und gingen zur Schule. Erst gegen vier Uhr nachmittags konnten wir mit unseren Eltern zusammen sein, spielen, zu Abend essen. Danach brachten unsere Eltern uns zurück zum Kinderhaus, wo sie noch eine Weile bei uns blieben, bis wir ins Bett gingen. So lief es ab. Ich weiß noch, wie schwer es manchmal war, ohne meine Eltern zu sein. Ich bin sicher, dass es für sie auch nicht leicht war. Es gab Konflikte mit den Menschen, die für das Kinderhaus zuständig waren. Ab und zu lief ich vom Kinderhaus weg und rannte zu meinen Eltern. Sie sahen, dass ich traurig war und weinte, deshalb beschlossen sie, mich eine Nacht bei sich zu behalten. Das war jedoch ein schlechtes Beispiel für die anderen Kinder, die auch weglaufen wollten. Die für das Kinderhaus zuständige Person kam also zu meinen Eltern und sagte: »Was soll das? Ihr könnt eurem Kind nicht erlauben, bei euch zu übernachten.« Ich glaube, es gab innerhalb der Welt der Erwachsenen Streitigkeiten darüber, wie streng man sein sollte. Mitte der achtziger Jahre hörte man mit diesem System auf. Alles in allem durchliefen die Kibbuzim einen Prozess der Privatisierung.

1 Die Nachal wurde 1948 von David Ben-Gurion als Weiterentwicklung der Pionierjugend mit dem Ziel gegründet, Landwirtschaft und Militärdienst zu verbinden.

Die Erinnerungsfabrik gegen das Vergessen

Ayman Sikseck

Meine Großeltern väter- und mütterlicherseits lebten noch, als die Araber vertrieben wurden. Ihre Familien sind ins Gebiet des heutigen Libanon geflüchtet. Meine Großmutter mütterlicherseits hatte zwölf Geschwister, die alle mit Schiffen und Booten das Land verlassen haben. Sie wurden abgeschoben. Auch sie wollte weg, weil schon ihre ganze Familie Jaffa verlassen hatte. Ihr Mann versprach ihr: »Gut, bald gehen wir auch weg.« Er wusste aber, dass der Hafen in Kürze geschlossen würde und dann niemand das Land mehr würde verlassen können, denn Israel plante, alle, die blieben, zu israelischen Staatsbürgern zu machen. Sie würden einige Jahre nirgendwohin gehen können. Er wollte in Jaffa bleiben. Er brachte sie also mit dieser List dazu, dazubleiben. Das war das größte Trauma ihres Lebens. Sie hat ihre Familie nie wiedergesehen. Dann bekamen sie Kinder. Meine Mutter kam zur Welt, und als ich geboren wurde, war diese Geschichte so gut wie vergessen. Ich habe nichts über die palästinensische Vergangenheit gehört, denn in dieser Generation fing man an, die Geschichte zu verleugnen. Die siebziger und achtziger Jahre – ich bin 1984 geboren – standen ganz unter dem Vorzeichen der Integration der arabischen Israelis. Die Integration war ausgemachte Sache, denn es war klar, dass der Staat nicht verschwinden würde, es ist ein jüdischer Staat, ganz einfach, und man muß irgendwie klarkommen. Deshalb gaben sich meine Eltern alle Mühe, die Integration ihrer Kinder in die israelische Gesellschaft so reibungslos wie möglich zu gestalten. Ich lernte von Anfang an Hebräisch, genauso wie Arabisch. Erst mit siebzehn oder achtzehn begann ich auf eigene Faust, den Skandal unserer Vergangenheit zu erforschen. Ich musste alles ganz alleine herausfinden, weil meine Eltern völlig stumm und schweigsam waren. Nie sagte uns jemand etwas über die Vergangenheit. Niemals gab es den Versuch, uns als Palästinenser zu betrachten. Wir waren alle Israelis.

Später ist mir klargeworden, dass es bei den Palästinensern so etwas wie das Gegenteil zum Umgang mit dem Holocaust gibt. Der Holocaust ist für die jüdischen Israelis eine gewaltige Erinnerungsfabrik gegen das Vergessen. In Schulen, im Fernsehen: Wenn man hier geboren ist, wird man unweigerlich mit Informationen über den Zweiten Weltkrieg und die Judenvernichtung berieselt. Mit der palästinensischen Nakba[1] ist es genau das Gegenteil. Es hieß: »Vergessen wir es. Erzählen wir unseren Kinder nichts darüber. Es würde ihnen nichts nützen.« Ich spreche natürlich von Palästinensern in Israel, nicht in den besetzten Gebieten. Bei denen ist es eine ganz andere Geschichte. Ich bin damit aufgewachsen, und sicher beeinflusst es mein Schreiben. Es erzeugte einen großen Konflikt: Wer bin ich, verdammt noch mal? Denn das ist die Vergangenheit, und ich kann sie nicht verleugnen und möchte es auch nicht. Andererseits bin ich ein Israeli in jeder Hinsicht. Ich bin hier in einem israelischen Krankenhaus geboren, ich habe einen israelischen Pass, ich habe an einer israelischen Universität studiert, ich lebe jeden Tag meines Lebens hier. Also wer bin ich? Sogar die Regierung nennt uns offiziell »arabische Israelis«. Immer öfter habe ich mich in Konferenzen und bei Einladungen als »palästinensischer Israeli« vorgestellt und nicht als »arabischer Israeli«. Und ich werde immer wieder danach gefragt. Wie meinen Sie das? In ihrem Lebenslauf steht »palästinensischer Israeli«? Mir kommt es so vor, als ob der Begriff »arabischer Israeli« die palästinensische Seite überdeckt. Er besagt nur, dass du ein Araber und hier geboren bist. Das ist alles. Es ist keine Geschichte dahinter. Ich liebe den Begriff »palästinensischer Israeli«, auch wenn es lächerlich klingt, es ist ja auch lächerlich. Die Situation ist lächerlich, und also braucht es einen lächerlichen Begriff. Hier gibt es eine palästinensische Vergangenheit, die ich nicht verleugnen kann, aber ich kann auch nicht verleugnen, dass ich gleichzeitig hundertprozentig Israeli bin und auf Hebräisch schreibe.

1 Nachdem am 14. Mai 1948 Israel seine Unabhängigkeit erlangte, mussten 700 000 Palästinenser ihre Heimat verlassen. Jüdische Israelis sprechen in diesem Zusammenhang von Flucht, wohingegen arabische Israelis von Vertreibung sprechen. Dieses Ereignis wird Nakba, übersetzt »Katastrophe« oder »Unglück«, genannt.

Löwenmilch

Ronny Someck

Ich wurde in Bagdad geboren und kam als Baby nach Israel. Wir lebten in einem Einwanderungslager. Ich hörte viele verschiedene Sprachen, denn damals kamen Menschen aus aller Herren Länder hierher. Mein Großvater sprach nur Arabisch, meine Eltern versuchten Hebräisch zu sprechen, in der Nachbarschaft hörten wir Jiddisch, Deutsch, Polnisch und Farsi. Ich hatte das Gefühl, in einer Umgebung zu leben, in der jeder seine eigene Sprache sprach und jeder versuchte, die eigene Kultur interessanter zu machen als die der anderen. Ich mochte diese Situation. Auf allen Fotos aus jener Zeit trage ich Jacke und Krawatte, ich kam ja aus Bagdad, mit englischer Tradition. Als ich vier Jahre alt war, gab es einen Kindergarten in unserem Einwanderungslager. Meine Großmutter brachte mich dorthin, und ich spielte im Sandkasten. Nach einer Weile kam meine Großmutter zurück und sah mich in Jacke und Krawatte im Sand sitzen. Sie dachte, dass die Israelis sehr schmutzig sein müssten, wenn sie ein vierjähriges Kind im Sand spielen ließen. Das war nicht unser Stil.

Später begleitete ich meinen Großvater jeden Tag zum Café der Immigranten. Wenn Erwachsene mit einem Kind zum Beispiel über einen Löwen reden möchten, gehen sie mit ihm in den Zoo und sagen: »Siehst du, das ist ein Löwe!« Oder sie klappen ein Buch auf und zeigen dem Kind das Bild. Ich habe meinen ersten Löwen auf dem Etikett einer Flasche Arak gesehen, weil Juden Arak als Löwenmilch bezeichnen. Wenn man in Arak Wasser gießt, sieht es aus wie Milch.

In diesem Café gab es an der Wand nur zwei Bilder: eines zeigte David Ben-Gurion, den israelischen Premierminister, das andere Umm Kulthum, eine berühmte ägyptische Sängerin. Ich war ein kleines Kind und wusste von zu Hause: Wenn Fotos von einem Mann und einer Frau nebeneinander hängen, dann werden es wohl Braut und Bräutigam sein.

Militärisches Diktat

Israel Har'el

In jener Zeit – wohlgemerkt, wir sprechen von den Fünfzigern, noch nicht mal zehn Jahre nach der Staatsgründung – hatte ich keine persönlichen Kontakte zu Arabern. Auch niemand in meiner Umgebung. Wir besuchten nicht die gleichen Schulen. Wir hatten auch kaum Kontakt mit liberalen Juden oder mit anderen, die gegen uns waren. Als Kind lebt man in einem bestimmten Stadtviertel, man geht zur Schule, man spielt mit anderen Kindern, man hat nichts mit Ideologien zu tun. Die Araber in Israel lebten unter militärischem Diktat, sie brauchten einen Passierschein, wenn sie ihr Wohngebiet verlassen wollten. Wenn sie zum Beispiel nach Tel Aviv fahren wollten, mussten sie sich bei einem Militäroffizier einen Erlaubnisschein holen. Das war in Ordnung, jeder hätte das getan, denn nach dem Unabhängigkeitskrieg waren diejenigen, die gekämpft hatten, noch am Leben. Es war keine Diskriminierung, wie man sie in Deutschland gegenüber den Türken oder Muslimen oder hier gegenüber den Palästinensern findet. Es war nur Vorsicht. Schließlich wusste man nicht, ob sie Sabotageakte planten, und die arabischen Staaten waren feindlich, sie beschossen Israel mit Granaten und mit Bomben, und wir hatten hier die fünfte Kolonne[1]. So behandelte man die Araber tatsächlich, wie eine fünfte Kolonne. Ich erinnere mich, dass manche Israelis gegen diese militärischen Einschränkungen demonstrierten, damit die Araber sich frei bewegen konnten. Das begann Anfang der sechziger Jahre. Aber es brauchte Zeit. Alle waren noch vom Unabhängigkeitskrieg traumatisiert. Fünf arabische Staaten haben eine Bevölkerung von sechshunderttausend Juden überfallen, die Palästinenser kämpften an der Seite der arabischen Armeen, man konnte also wirklich sagen, sie waren unsere Feinde. Ich will uns nicht als Helden darstellen, das sind wir nicht, wir sind nicht besser als die anderen, aber ich glaube, woanders hätte man sie längst alle ausgewiesen. Ja, es gab Gräueltaten, aber die konnte man an einer Hand abzählen. Ich behaupte: Wir sind das humanste Volk, unsere Armee ist die humanste Armee der Welt. Du kannst viele, vielleicht sogar hundert Ausnahmen zu dieser Aussage finden, aber in Europa findest du Tausende und Millionen Ausnahmen. Das ist der Unterschied. Erinnere dich doch nur daran, wie die Russen deutsche Frauen nach dem Zweiten Weltkrieg behandelt haben. Hier gab es nicht einen Vergewaltigungsfall. Keinen einzigen.

1 Als Fünfte Kolonne werden heimliche, subversiv tätige oder der Subversion verdächtige Gruppierungen bezeichnet, deren Ziel der Umsturz einer bestehenden Ordnung im Interesse einer fremden aggressiven Macht ist.

Eine klare Linie

Scandar Copti

Alles ist erlaubt, um sich zu schützen. Das wird dir mit der ganzen Moralideologie der Armee eingetrichtert. Und die Wichtigkeit der Opferbereitschaft in der Armee. Und dann, mit achtzehn Jahren, gehst du zur Armee. Das ist das Wichtigste, was einem jungen Israeli passiert. Später ist die erste Frage immer, was du in der Armee gemacht hast. Und so reden sie weiter, bis du siebzig bist. Bis du stirbst. Wo warst du, ach ja, ich war mit dem und dem zusammen in der Armee, ich habe das und das gemacht ... Es ist wirklich das Allerwichtigste, sogar finanziell, der größte Teil des israelischen Budgets geht an die Armee, alles wird der Opferbereitschaft und den dazugehörigen moralischen Fragen untergeordnet. Und die drei Jahre, die folgen, wirken wie eine Gehirnwäsche. Danach bist du ein anderer Mensch. Es sind nur wenige, die sich verweigern, die jeglicher Form von Unterdrückung widerstehen. Diese Verweigerer, die Widerständler, das sind die führenden Leute. Es sind diejenigen, die alles hinterfragen. Eine sehr kleine Anzahl wird sagen, okay, ich werde mir jetzt selbst eine Frage stellen. Warum ist es so? Und das ist schwer an einem Ort, an dem du nicht von der Linie des Zionismus abweichen darfst.

Du darfst nicht nach rechts oder nach links gehen. Es gibt eine klare

Linie, und wenn du abweichst, bist du ein Verräter. Du bringst uns in Lebensgefahr. Wir könnten deinetwegen getötet werden. Weil du der klaren Linie des Zionismus nicht gefolgt bist. So funktioniert dieses Land. Das ist das Problem.

Wettkampf

Tamer Nafar

Für die Juden ist es einfacher, den Arabern die Schuld zu geben und weiterhin ihren Führern zu folgen. Die machen die Wirtschaft kaputt und sagen, dass die Araber daran schuld sind. Statt zu sagen: Okay, was haben wir falsch gemacht? Gehen wir doch mal zurück in das Jahr 1948, das Jahr, in dem alle Probleme entstanden sind. Warum sind die Araber so wütend? Wir haben sie hinausgeworfen. Es war nicht so, dass wir sagten: »Geht«, und dann gingen sie. Wir haben sie mit brutalen Methoden vertrieben. Mit Massakern. Und wir erkennen ihre Katastrophe nicht an. Ich versuche nicht, verschiedene Katastrophen miteinander zu vergleichen. Ich versuche nicht, die Sklaverei mit dem Holocaust zu vergleichen oder den Holocaust mit der Nakba. Ich glaube nicht, dass es sich um einen Wettbewerb handelt. Auch nicht, dass man Juden eine Medaille als die besten Opfer verleihen sollte.

Grundsätzlich will ich lieber kein Opfer sein. Aber ich respektiere Leute, die einer Katastrophe entkommen sind und wissen, wie sich das anfühlt. Heute gibt es einige Länder, die behaupten, es habe den Holocaust nicht gegeben. Nachdem die Juden in der ganzen Welt verfolgt waren, sind sie sehr verletzt, und in der Tat ist das, was ihnen im Holocaust geschah, sehr traumatisch. Es ist schwer zu hören, dass andere sagen, eure Katastrophe hat gar nicht stattgefunden, und dann kommen wir und sagen zu den Palästinensern, eure Katastrophe hat nicht stattgefunden, anstatt zu sagen, jedes Volk hat das Recht, zu weinen und die Bühne für sich zu beanspruchen. Statt dass wir das tun, verdrängen wir alles und erkennen nicht an, was 1948 passiert ist.

In den Gärten des Ostens

Israel Bar-Kohav

1956, als ich sechs Jahre alt war, brach der Sinai-Krieg aus. Ich erinnere mich, wie wir die Sandsäcke um das Haus herum stapelten, um es zu schützen, weil wir dachten, dass es den totalen Krieg geben würde. Wenn ich jetzt zurückblicke, sind diese Bilder vom Krieg tief in meinen Gedichten verankert. Für mich ist es nicht nur ein Krieg zwischen uns und Ägypten, denn wir haben eine gemeinsame Geschichte mit Ägypten. Deshalb war für mich Ägypten in Giv'atajim[1]. Wenn man zurückblickt, erscheint es ein bisschen lächerlich. Die Konflikte, Debatten und Kriege zwischen uns und den benachbarten Ländern wirkten auf mich, als Kind, wie ein Teil der Bibel. Denn darin befanden sich Israel und Judäa ständig im Krieg mit den Nachbarn, mit den Philistern, Moabitern und mit den Kanaanitern. In meiner Phantasie waren unsere Kriege die Fortsetzung dieser Kriege. Heute denke ich, dass das Judentum aus dem Osten stammt. Israel gehört mehr zum Osten als zu Europa. Die Kulturen der Nachbarn interessieren mich sehr, ich schätze vor allem die Poesie der berühmten syrischen, ägyptischen, irakischen und persischen Poeten, wie Mahmud Darwisch, Nizar Kabani und Saadi Youssef. Wenn ich in Istanbul auf einem niedrigen Stuhl sitze und starken Tee trinke, unter Weinreben, mit einem kleinen Brunnen, da fühle ich mich zu Hause. Ich habe das Gefühl, in den Gärten des Ostens geboren zu sein. Ich bin ein Teil dieser Kultur. Ich kann sie intuitiv verstehen. Ich warte auf die Zeit, in der in Israel alle die benachbarten Sprachen können werden, denn wir werden in einem unumkehrbaren Prozess ein Teil der Region.

Eine Sache kann die Menschen in dieser Region retten. Das ist die natürliche Gastfreundschaft, die Offenheit und Freundschaft, und wir haben vieles gemeinsam, ohne dass wir es wissen. Ich glaube, dass die Araber Israel nicht kennen, sie glauben, Israel ist ein Teil Europas im Nahen Osten. Sie wissen nicht, dass unsere Musik und Literatur und unsere Art zu leben ähnlich sind, denn die Bibel und die Landschaft sind unser wirklicher Hintergrund. Die Landschaft ist hier überall karg. Wir verstehen die Ölbäume, die Esel, wir verstehen die Einfachheit der Landschaft. Wenn man von Tel Aviv nach Jerusalem fährt, sieht man, wie karg die Landschaft ist. Kein Wasser, die Bäume sind dünn und spenden kaum Schatten. Das ist die Geschichte dieses Ortes. Wenn man Gedichte von Mahmud Darwisch liest und dann einige Gedichte von bekannten israelischen Dichtern, dann sieht man, wie viel sie gemeinsam haben. Man sollte die Lehrprogramme der Schulen im ganzen Nahen Osten ändern. Wenn wir Kompromisse schließen, wenn Frieden herrscht, mit Bedingungen, die auch für unsere Nachbarn akzeptabel sind, nicht nur für uns, dann, denke ich, können wir zusammen leben. Ich glaube, dass jeder, der das Leben liebt, optimistisch bleiben soll, und diejenigen, die das Leben nicht lieben, die werden weiter an Krieg, Hass und Rache glauben. Das ist ein Teil der Tragödie, denn die Geschichte von Abraham, Ismael und Isaak handelt von Rache und Strafe, die sind in dieser Geschichte eingebaut. Das liegt in unseren Genen. Wir sollten stärker sein als unsere Gene, um gegen die Vorurteile und den Aberglauben zu kämpfen, um das Leben zu wählen.

1 Eine Stadt östlich von Tel Aviv.

Schuldgefühle

Ayman Sikseck

Israelische Araber, die hier im Land geboren sind, haben eine sehr komplexe Beziehung zu Palästinensern, die in den besetzten Gebieten geboren sind. Es ist kompliziert, denke ich, weil die Palästinenser die israelischen Araber in vieler Hinsicht als Verräter ansehen, oder als Menschen, die Glück hatten, sie leben hier und müssen nicht die schlimmen Dinge ertragen wie die Araber, die in den besetzten Gebieten leben. Den Krieg, die Soldaten, die Okkupation, die Blockaden, den Mangel an Wasser, den Mangel an allem. Die Palästinenser sind den israelischen Arabern gegenüber feindselig gestimmt, und die israelischen Araber haben den Palästinensern gegenüber sehr viele Schuldgefühle. Ich kann definitiv aus eigener Erfahrung sprechen. Wenn ich Projekte habe und in die arabischen Dörfer reise oder wenn ich sie ganz einfach besuche, um mehr über die Geschichte zu lernen, fühle ich mich sehr, sehr schuldig. Ich denke, warum kann ich nach Hause gehen und mich ruhig ins Bett legen, obwohl die Realität hier sehr komplex ist. Ich erlebe den ständigen Krieg nicht, den sie ertragen müssen, aber es hätte mit Leichtigkeit auch umgekehrt kommen können. Wären meine Großeltern dort hingegangen, wäre ich vermutlich nicht geboren worden, doch das Leben kann plötzlich ganz anders verlaufen, nur wegen einer Entscheidung, die in einer Sekunde getroffen wurde, aus einer Laune heraus. Ich weiß, dass einige israelische Araber, Intellektuelle, dafür plädieren, sich nicht an diesem Buch zu beteiligen, aber ich halte das für falsch, schon weil ich nicht an Boykotts glaube. Doch vor allem, weil ich das, was sie tun, für unrealistisch halte. Als arabischer Israeli kannst du nicht sagen: »Ich beteilige mich nicht an Projekten mit Israelis.« Das ist ein Teil deines normalen Lebens. Ob du es willst oder nicht. Oft genug willst du es nicht und es bereitet dir große Probleme, aber es ist ein Teil deines Lebens.

Nicht nur die Palästinenser betrachten die israelischen Araber als Verräter, die ganze arabische Welt tut es. Wenn der Iran zum Beispiel droht, er werde Israel zerstören, erwähnen die Iraner die israelischen Araber mit keinem Wort. Für sie sind alle gleich, die in Israel leben. Sie sind des Teufels. Das ist eine weitverbreitete Sichtweise in der arabischen Welt.

Wurzeln

Orly Noy

Ich war neun, als ich den Iran verließ, das war vor dreiunddreißig Jahren, ich kann also nicht genau sagen, welche meiner Erinnerungen echt sind und welche auf Erzählungen beruhen. Wir hatten schon Verwandte in Israel, bevor wir eingewandert sind. Meine Großeltern väterlicherseits waren bereits hier, auch meine Tanten, die ich gar nicht kannte. Meine Eltern waren ab und zu nach Israel gefahren, dann bekamen wir Postkarten. Für mich war es ein fernes Land, sehr weit weg, fast imaginär. Meine Eltern brachten Schallplatten aus Israel mit. Ich besuchte eine jüdische Schule und lernte ein bisschen Hebräisch, aber mit Israel hatte das kaum etwas zu tun.

Die Einwanderung kam dann sehr schnell. Sie war nicht wirklich geplant. Während der Revolution, als die Demonstrationen sich zuspitzten, standen wir eines Nachts vor der Filiale einer großen Bank in Teheran, die mein Vater leitete, und mussten zusehen, wie die Demonstranten die Bank niederbrannten, und ich denke, dass meine Eltern in diesem Moment beschlossen haben wegzugehen. Zwei Tage später saßen wir im Flugzeug. Ich hatte also keine Zeit, alles zu verdauen und zu verstehen, was geschah, alles war so chaotisch, die Demonstrationen in den Straßen von Teheran und so weiter. Die Immigration nach Israel war Teil dieses Chaos, an das ich mich nur noch verschwommen erinnere.

Wir waren in einem religiösen Internat untergebracht, das war etwas, das uns sehr schockiert hat, denn im Iran gab es keinen Unterschied zwischen religiösen und säkularen Juden. Es gab nur traditionelle Juden, so nannten wir das. Man beachtete gewisse Gebote. Unsere Eltern hatten uns in dieses Internat gesteckt, weil sie für eine Weile in den Iran zurückfuhren, um das Haus zu verkaufen und Sachen zu holen, um den Neustart zu ermöglichen. Sie haben, glaube ich, gar nicht verstanden, was ein religiöses Internat war. Die israelischen Behörden wiesen Juden aus muslimischen Ländern automatisch in religiöse Schulen ein. Das gehörte zu einer Art Rassismus in Israel, der eine lange Tradition hat. Man hielt uns für religiös, obwohl wir in Teheran vollkommen säkular waren. Unsere Mutter mit ihrem guten Gespür für solche Sachen wollte nicht, dass wir uns der iranischen Gemeinde anschließen. Sie wollte anderswo wohnen, und als meine Eltern dann zurückkamen, zogen wir nach Jerusalem. Darüber bin ich sehr froh, die iranische Gemeinde wird, glaube ich, ebenso wie die anderen Mizrachi[1]-Gemeinden, durch die Schulen und das soziale Umfeld automatisch in eine bestimmte Richtung gelenkt. Bestimmt wäre ich nicht auf die Universität gegangen, wenn wir in Ashdod oder Holon gelebt hätten. So kam es, dass wir, als ich ein Kind war, kaum Kontakt zur iranischen Gemeinde hatten. Als Immigrantenkind arbeitete ich hart daran, eine Israelin zu werden. Ich gab mir die größte Mühe, meinen persischen Akzent loszuwerden, und meine Eltern durften weder Farsi mit mir sprechen, wenn ich Besuch hatte, noch persische Musik oder Nachrichten auf Farsi hören. Viele Jahre lang lehnte ich die iranische Identität völlig ab. Zum Glück war ich klug genug, in einer späteren Phase meines Lebens zu meinen Wurzeln zurückzukehren, aber als Kind und auch in der Pubertät wollte ich nichts damit zu tun haben. Farsi habe ich aber nicht verlernt, weil meine Großeltern keine andere Sprache konnten, und wenn sie uns in Israel besuchten, musste ich Farsi sprechen. Außerdem schickten sie ständig Bücher, die ich natürlich auch las. Damals gab es noch eine gute Verbindung zum Iran. Wir konnten am Telefon ziemlich frei reden – eigentlich kann man das auch heute noch. Und sie schickten Pakete, ich nehme an, über meine Tante in Amerika, ich glaube kaum, dass es eine direkte Postverbindung gab. Wir haben heute noch Verwandte in Teheran. Wir schicken unsere Post an sie über Amerika und telefonieren auch mit ihnen.

Aus politischen Gründen ist der Iran jetzt in aller Munde, aber das Problem des Rassismus gibt es schon länger. Meine iranische Identität ha-

16035 תא"ח

בס״ד

דרושים!
פרטים
פרטית

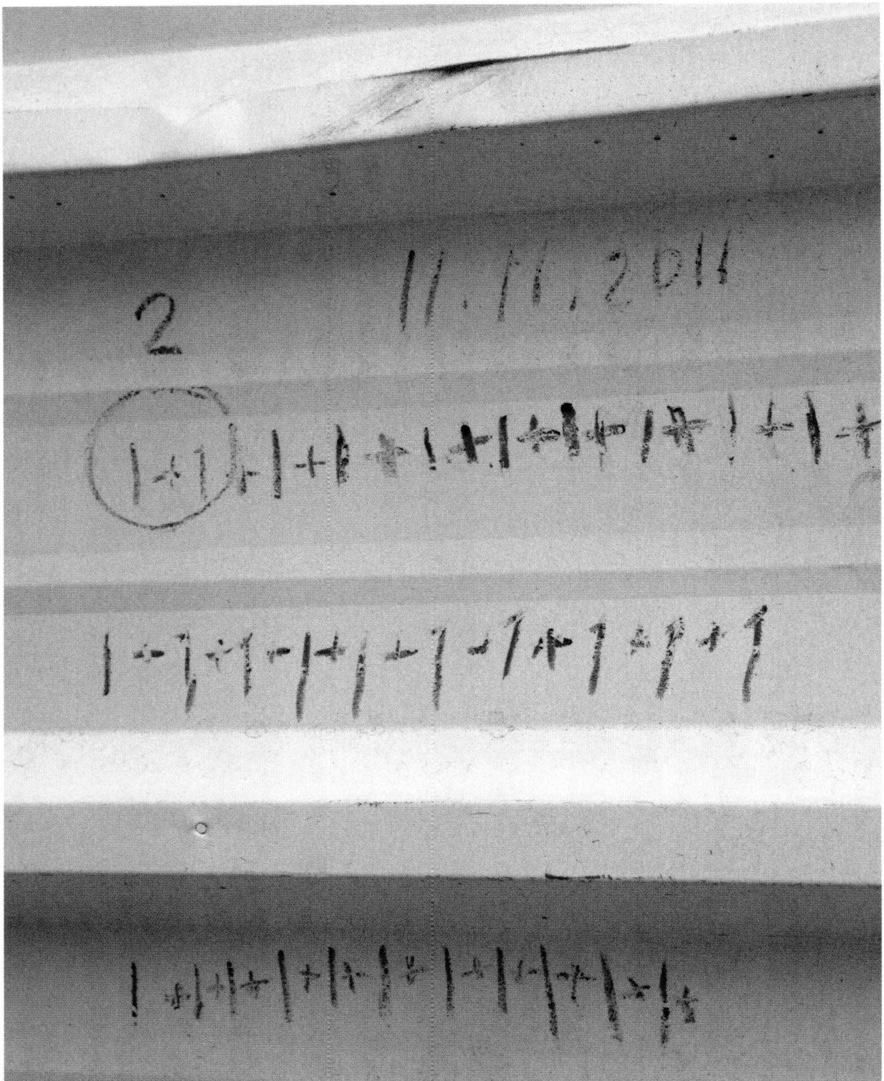
11.11.2011
2

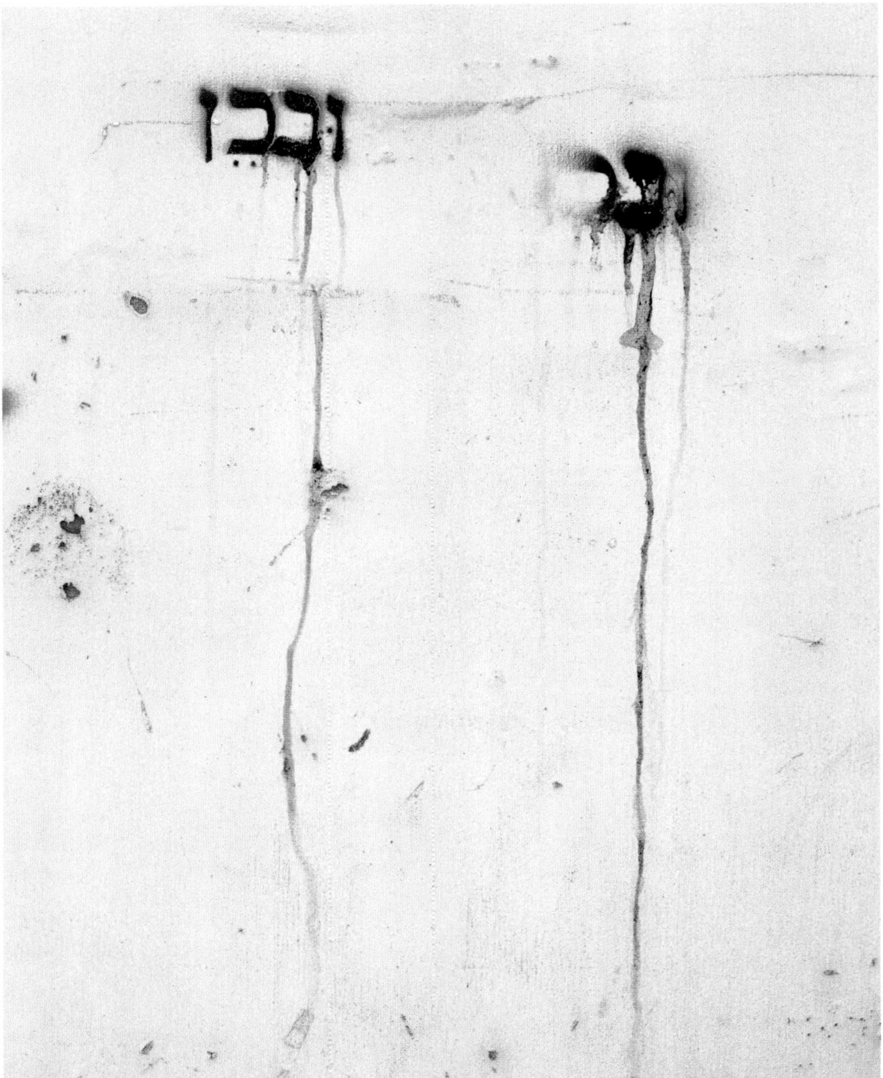
ובכן

לא רוצים,
לא צריך...

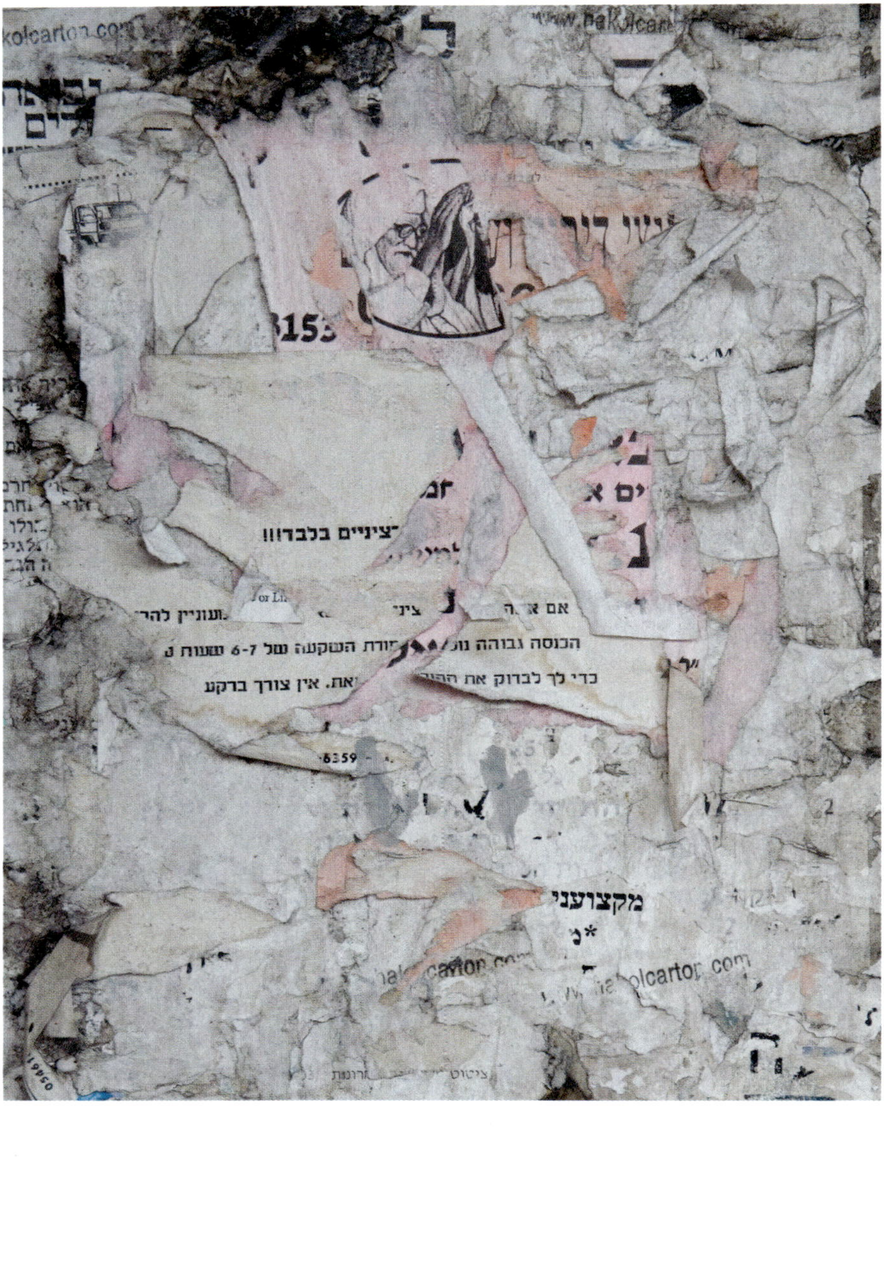

kolcarton.com
ציניים בלבד!!!
הכנסה גבוהה
ורת השקעה של 6-7 שעות
כדי לך לבדוק את
את. אין צורך ברקע
מקצועני
olcarton.com

SAVE TEL- AVIV

בס"ד
חולון

צה"ל
ÜBER
ALLES

be ich wiederentdeckt durch meine Entwicklung als politische Aktivistin gegen die verschiedenen Arten von Rassismus, die in Israel herrschen, gegen Palästinenser, gegen Araber und gegen Mizrachi-Juden. Ich begriff auf einmal, dass es nicht selbstverständlich war, dass ich zur Universität gehen konnte und eine gute Ausbildung hatte, die meisten Mizrachi-Juden hatten diese Möglichkeit nicht, und der Grund dafür ist, dass sie für das System zur niedrigsten sozialen Schicht gehören. Das ist bis heute so. Die schwächsten Glieder in der sozioökonomischen Kette sind die Araber, gleich danach kommen sofort die Mizrachi-Juden. Ich wurde in einigen Mizrachi-Organisationen aktiv und begann dadurch, über meine iranische Identität nachzudenken, und darüber, wie man mir auf indirekte Art beigebracht hat, mich dafür zu schämen, mich zu verstecken, um eine bessere Israelin zu werden. Und damit war definitiv keine Mizrachi-Israelin gemeint. Ein Beispiel dafür, wie man mir meine Identität vermiesen wollte, war, dass man sich ständig über den iranischen Akzent meiner Eltern lustig machte. Kinder spüren so etwas ganz genau. Ich wusste, wenn Freunde kommen und hören würden, dass ich mit meinen Eltern Farsi spreche, würden sie mich auslachen. Ganz anders, als wenn sie einen Freund besuchten, der mit seinen Eltern Englisch sprach. Also war es etwas, wofür man sich schämen musste. Ich war ein Mensch zweiter Klasse, und das wollte ich nicht sein. Auch die Unwissenheit war ein Problem. Die Menschen in Israel haben keine Ahnung von iranischer Literatur und Kultur. Jetzt kennen sie Filme aus dem Iran, das war ein Schock: wow, diese Menschen können tatsächlich gute Filme machen.

Schon damals, als wir nach Israel emigrierten, war Teheran eine sehr moderne Stadt, und ich erinnere mich, wie ich gefragt wurde – nicht von anderen Kindern, sondern von meinen Lehrern –, ob ich schon einmal einen Aufzug gesehen hätte und ob die Häuser in Teheran aus Ziegelsteinen gebaut wären. Sie dachten vermutlich an Zelte in der Wüste. Das war schrecklich. Diese Haltung zeugte zum Teil von Arroganz, zum Teil von Ignoranz, zum Teil von Rassismus. Da ist noch viel aufzuholen. Die Übersetzungsarbeit – ich übersetze persische Bücher ins Hebräische – ist nur ein Anfang, um diese immense Informationslücke zu schließen.

Der iranische Teil meines Lebens fand nur in der Familie statt. Wenn wir meine Großeltern väterlicherseits in Ashdod besuchten, sprachen natürlich alle Farsi. Für mich war das eine sehr eingeschränkte Welt mit strengen Regeln. Wenn ich ihre Grenzen hinter mir ließ, war ich keine Iranerin mehr, ich war Israelin, ich wollte aus dem alten Leben nichts in das neue Leben hinübertragen. Es war dann auch ein sehr bewusster Akt, diese beiden Teile wieder zusammenzuführen und zu verstehen, dass ich beide Seiten brauche, um ein ganzer Mensch zu sein. Aber viele Jahre lang gab es eine deutliche Trennung.

Ich erinnere mich an das Buch *Nicht ohne meine Tochter* von Betty Mahmoody. Ich hasste dieses Buch. Warum musste man den Iran von seiner schlimmsten Seite zeigen? Die Leute kennen doch nichts anderes. Sie haben sowieso einen schlechten Eindruck vom Iran. Es ist wie mit *Lolita lesen in Teheran*[2]. Obwohl das natürlich ein viel besseres Buch ist. Den Lesern fehlt das grundsätzliche Wissen über den Iran, um solche Bücher in einem breiteren Kontext zu verstehen. Ohne dieses Wissen sind sie außerstande zu sehen, was das Buch ihnen vermitteln möchte. Der Iran ist für sie ein geistig rückständiger Ort, brutal, gewalttätig, voller Fanatiker. Schrecklich.

1 Als Mizrachim werden orientalische Juden bezeichnet.

2 Von Azar Nafisi.

Mystische Gefühle

Hava Pinhas-Cohen

Israeli zu sein heißt, dass es schon einen Krieg gab, als ich ein Jahr alt war, 1956, und als ich elf Jahre alt war, gab es den Sechstagekrieg. Dieser Krieg hat meine Sichtweise und meine Weltanschauung verändert. Israel war ein anderes Land geworden, plötzlich konnte man Orte besuchen, die davor unzugänglich waren, man konnte sie anfassen und sich mit der Bibel verbunden fühlen. Das hat mich in jeder Hinsicht beeinflusst. Die Tatsache, dass man nach Judäa und Samaria fahren konnte, an die Orte, an denen Saul gegen die Philister gekämpft hat ... Ich war Teil einer Welle von Menschen, die spürten, dass etwas Mystisches in ihr Leben getreten war.

Ich habe keine Palästinenser kennengelernt, ich habe mich auch nicht darum bemüht. Das ist mein Fehler. Ein Grund dafür könnte sein, dass ich mich um Frieden in meiner Familie kümmerte. Ich war stärker an dem interessiert, was innerhalb der jüdischen Gemeinschaft geschah.

Das Tal der Zeit

Ze'ev Raz

In dem Kibbuz, in dem ich aufgewachsen bin, gibt es einen kleinen Chor, der sehr populär ist und in der ganzen Welt singt. Und das schon seit sechzig Jahren. Vor einem Jahr haben sie in der Universität gesungen, an der meine Frau arbeitet. Einige von ihnen kannten mich, andere nicht, weil ich schon seit dreißig Jahren nicht mehr in diesem Kibbuz lebe. Einer deutete auf meine Frau und sagte: »Schau mal, das ist die Frau von Zevek.« Ein anderer fragte: »Wer ist Zevek?« Meine Frau hörte, wie der Erste antwortete: »Das ist doch der, der mit dem Traktor umgekippt ist.«

Mit sechzehn oder siebzehn fuhr ich einmal zu schnell mit dem Traktor um eine Kurve und kippte um, was sehr schwierig ist. In einer kleinen Gemeinschaft wie dieser merkt man sich solche Dinge. Und für sie bleibst du immer derjenige, dem das passiert ist. Für sie spielte es keine Rolle, dass ich zwei Jahre später Kampfpilot wurde und Kommandeur eines Geschwaders. Sie werden sich für immer an etwas erinnern, das ich mit sechzehn angestellt habe.

Wir sind in einem Tal groß geworden. Unser Horizont war der Berg Gilboa, an dem vor Tausenden von Jahren König Saul im Kampf gefallen ist. Auf die andere Seite des Berges konnten wir nicht gehen, da war schon Jordanien. Wir wussten aber, dass es auf der anderen Seite des Berges ein Tal gab, das in der Bibel »Tal der Zeit« heißt. Nach dem Sechstagekrieg, wir waren um die zwanzig, fassten wir den Plan, zu diesem Tal zu wandern, und ich schlug meinem Großvater vor mitzukommen. Er schaute mich ganz ernst an und sagte: »Da gehe ich nicht hin. Wir sind drauf und dran, ein anderes Volk zu beherrschen.« Ich sagte: »Es ist doch nur für einen halben Tag, nur um zu sehen, wie es dort aussieht. So viele Jahre haben wir das nicht tun können.« Er sagte: »Ich gehe nicht.« Die Juden reagierten damals, 1967, sehr sensibel auf alles, was passieren könnte. Sie hatten Angst vor dem, was kommen würde. Nationalismus und all das.

Im Schlafzimmer meiner Eltern

Shimon Zimmer

Mein Vater hatte eine seltsame Angewohnheit. Er brach das Innere vom Brot heraus und formte kleine Kugeln daraus. Das tat er ständig. Wenn ich heimlich in seine Taschen griff, um ein paar Geldstücke zu klauen, fand ich diese Brotkugeln. Irgendwann verstand ich, dass es mit dem Holocaust zu tun hatte, mit dem Hunger. Vielleicht sagte mir das meine Mutter, vielleicht erriet ich es selbst, jedenfalls stellte ich diesen Zusammenhang her. Die Kugeln waren schwer wie Steine. Und ich überlegte immer, wie man so etwas essen könnte. Ich suchte nach Geld und fand stattdessen etwas anderes.

Im Schlafzimmer meiner Eltern gab es ein Foto von meinem Onkel, dem Bruder meines Vaters. Ich wusste, dass er im Holocaust umgekommen war. Auf diesem Foto war er sehr gut gekleidet. Hinter ihm konnte man zwei große Schatten erkennen, die wie Eisentüren aussahen. Als Kind dachte ich, das wären Tore zur Gaskammer, und bevor er hineingegangen sei, habe er sich noch einmal in seinem eleganten Anzug fotografieren lassen.

Als ich noch ein Kind war, hätte mein Bruder fast ein nichtjüdisches deutsches Mädchen geheiratet. Ich fand es hart, den Klang der deutschen Sprache zu hören, ich nehme an, dass es damals in Israel vielen meines Alters so ging. Aber meine Eltern hassten die Polen noch mehr als die Deutschen. Jeder hasst jeden. Ich hasse mich selbst. Das steht fest.

»Ich bin unglücklich!« Das ist alles, was ich auf Deutsch kann.

Auschwitz und der Strand von Tel Aviv

Samuel Maoz

Meine Mutter war eine Auschwitz-Überlebende. Ich erinnere mich, dass das Umfeld und die Atmosphäre damals so waren, dass wir Kinder uns nie über irgendetwas beschweren konnten, weil unsere Eltern und viele unserer Lehrer Überlebende waren, und manche waren sehr stolz auf ihre tätowierte Nummer. Wenn ich mit einer schlechten Note in Mathematik nach Hause kam, schaute meine Mutter die Arbeit an und sagte: »Und dafür habe ich den Holocaust überlebt?« Sie war noch ein Kind, als sie in Auschwitz war, deshalb kann sie sich kaum erinnern, es ist eher eine Gefühlssache, doch es gab noch etwas anderes. Nämlich dass diese Menschen sehr labil waren. Ich erinnere mich an meinen Lehrer. Er schrie uns an, wir müssten für unser Land kämpfen, wir müssten töten und notfalls für das

Land sterben, weil alle uns vernichten wollten. Er hatte vielleicht nach allem, was er durchgemacht hatte, einen Grund für die Annahme, dass uns alle vernichten wollten, aber wir waren normale Kinder, wir waren in Israel geboren und hatten nur den Strand von Tel Aviv und Mädchen im Kopf. Wir hatten nicht das Gefühl, dass uns jeder vernichten wollte.

Doch andererseits bekamen wir eine Gehirnwäsche verpasst. Nach dem Libanon-Krieg wurden wir – nicht nur ich, auch Ari Folman[1] und Joseph Cedar[2] – gefragt, warum wir zwanzig Jahre gewartet hatten, um Filme über den Krieg zu machen. Ich glaube, der Hauptgrund ist folgender: Wir konnten uns nicht beklagen. Wenn du aus dem Krieg zurückkommst und noch beide Arme und Beine und alle Finger hast, ohne etwas Sichtbares auf der Haut, und darüber klagst, dass es dir innerlich schlechtgeht und du Schuldgefühle hast, würden sie zu dir sagen: »Sag danke, dass du noch lebst! Komm schon, wir haben die Lager überlebt.« Wir konnten uns nicht beklagen, das ging einfach nicht. Ich erinnere mich an einen Vorfall: Wir waren am Strand, meine Mutter trug einen Bikini, hatte eine Sonnenbrille auf, ihre Nägel waren lackiert und alles war tipptopp, und da sagte ich, mir sei heiß. Sie antwortete: »Du beschwerst dich, dass es heiß ist? Hast du eine Ahnung, wie heiß es in Auschwitz in der Nähe der Gaskammern war?« Ich liebe meine Mutter sehr und sie hat mir viel Liebe gegeben, deshalb möchte ich nicht den Eindruck erwecken, dass ich mich über sie beschwere. Heute verstehe ich, dass sie traumatisiert war, dass ich die Überlebenden nicht beurteilen kann. Aber als Kinder hassten wir die deutschen Konzentrationslager nicht wegen dem, was dort geschehen war, sondern weil unsere Eltern sie gegen uns benutzten, verstehst du, was ich meine? Wir durften nichts sagen, wir konnten uns nicht beklagen.

1 Ari Folman, Regisseur von *Waltz with Bashir.*

2 Joseph Cedar, Regisseur von *Beaufort.*

Das Haus meiner Schwester

Shula Keshet

Meine Eltern sind beide Iraner aus Maschhad. Mein Vater wurde im Iran geboren, meine Mutter in Taschkent. Ihre Eltern waren ebenfalls Maschhadi, doch sie waren nach Taschkent gegangen, weil sich die Situation der Juden in Maschhad verschlechtert hatte, die Juden mussten nach außen hin so tun, als wären sie Mohammedaner. Wusstest du das? Maschhad ist eine sehr fromme Stadt. 1839 fing es an, dass die Juden gezwungen wurden, zum Islam zu konvertieren. Die Schiiten drohten, sie zu ermorden, wenn sie nicht konvertierten. Sie wurden also Mohammedaner. Doch nur nach außen hin; im Geheimen übten sie ihre alte Religion weiter aus. Unter den persischen Juden sind die Maschhadi-Juden die frömmsten, weil sie gezwungen waren, ihr Judentum heimlich zu praktizieren. Noch bevor ein Kind geboren wurde, wurde es schon seinem Cousin versprochen. Sie sahen aus wie Mohammedaner. Und mein Vater kannte den Koran auswendig.

Viele der Juden aus Maschhad emigrierten nach Afghanistan, Taschkent oder Usbekistan. Meine Mutter kam 1935 oder 1936 nach Israel, mit der illegalen Alijah[1]. Sie kamen mit einem Schiff nach Akko und wollten mit kleinen Booten an Land rudern. Aber die Briten haben sie gefangen genommen. Sie wurden für einige Monate in ein Gefängnis in Akko gesteckt. Meine Mutter war noch ein Kind, sie war dreizehn Jahre alt. Mein Vater war der Onkel meiner Mutter. Er besuchte sie im Gefängnis, sah meine Mutter, verliebte sich in sie und beschloss, sie zu heiraten. Anfangs lebten sie in Jerusalem. Dann zogen sie in die Florentinstraße im Süden von Tel Aviv, zusammen mit meinen Großeltern. 1959 zogen sie dann hierher, in die Matalonstraße in Ne'eve Scha'anan. Damals war das eine sehr gute Wohngegend. Es lebten grundsätzlich jüdische Familien hier, Mizrachi-Juden aus dem Iran, dem Irak, dem Jemen und aus anderen arabischen Ländern. Sie waren nicht reich, aber sie hatten ein gutes Auskommen. Ich wurde im August 1959 in diesem Viertel geboren. Ich erinnere mich, dass ich als Kind sehr stark die Zusammengehörigkeit in diesem Viertel empfand, die Familien waren einander sehr nah, ich hatte viele Freunde. Aber der Süden Tel Avivs wurde schon immer diskriminiert. Im Norden der Stadt lebten die Privilegierten. Die Schere zwischen dem Süden und dem Norden war damals aber nicht so groß wie heute.

Meine persönliche Geschichte hat mit meiner Mutter und meiner Großmutter zu tun. In den vierziger Jahren sahen meine Mutter und eine andere Maschhadi-Frau aus dem Süden Tel Avivs, wie die älteren Maschhadi-Frauen lebten, arm und allein, und sie beschlossen, für diese älteren Frauen ein Heim zu gründen. Sie begannen, Geld zu sammeln, nach Art der Keren Kayemeth LeIsrael[2], die mit ihren Sammelbüchsen in der ganzen Welt Geld für den Ankauf von Ländereien und für die Aufforstung sammelten. Sie haben also angefangen, mit Sammelbüchsen für die Maschhadi-Frauen Geld zu sammeln. Maschhadi-Familien im Großraum Tel Aviv bekamen Sammelbüchsen, die einmal im Monat geleert wurden. Das Geld wurde zur Bank gebracht, und Anfang der fünfziger Jahre konnten sie das Haus im Schabazi-Viertel im Süden Tel Avivs kaufen. Anfangs waren es nur ein paar Zimmer in einer Etage. In ihnen wurden ältere Frauen untergebracht. Sie hatten eine Küche und alles, was sie brauchten. Sie zahlten keine Miete, sie hatten kein Geld, aber einige gaben dem Mutterhaus ihre kleine, gesetzliche Rente. Andere behielten ihr Geld für sich. Es gab auch Spenden von Maschhadi-Juden aus den USA und Europa. Sie gründeten eine Kommunalbank, die zinslose Darlehen an bedürftige Familien gab. Das war wirklich phantastisch. Sie nannten das Haus »Mütterheim«.

Meine Mutter arbeitete als Krankenschwester, und meine Großmutter sagte zu ihr: »Tochter, hör zu, komm und arbeite freiwillig in diesem Haus mit.« Meine Mutter willigte ein. Dann wurde das benachbarte Haus dazugekauft, dann noch eins, nun lebten da etwa fünfzig Frauen. Sie wurden verköstigt und ärztlich versorgt, es gab musikalische Darbietungen und Ausflüge.

Als ich ein Kind war, nahm meine Mutter mich zum »Mütterheim« mit, und ich nahm diese weiblich geprägte Hinterhof-Atmosphäre in mich auf. Das Komitee, das mit der Verwaltung des Mütterheims betraut war, bestand zu neunundneunzig Prozent aus Frauen. Das Unternehmen wurde von Frauen gemanagt. Sie waren zwar arm, aber sie brachten sich in die Gemeinschaft ein. Die Frauen stammten aus dem Iran, aus Afghanistan und Buchara. Dieser Ort war eine Hochburg iranischer Frauenkultur.

Als Kind und als junge Frau verbrachte ich dort viel Zeit, und später wurde ich oft gefragt: »Warum bist du eine Mizrachi-Feministin geworden?« Ich antwortete, dass es meine Mutter und meine Großmutter waren, die mich auf diesen Weg gebracht haben. Für mich hat sich der Kreis damit geschlossen, dass ich Geschäftsführerin von »Achoti« geworden bin, das bedeutet »Haus meiner Schwester«. Diese Bewegung arbeitet in ganz Israel mit unterprivilegierten Frauen aus verschiedenen Ethnien und mit verschiedenem Hintergrund. Wir haben einige Zentren im ganzen Land, das Haus hier ist eins davon. Vom »Mütterheim« führte der Weg zum »Haus meiner Schwester«, hier im Süden Tel Avivs, in Ne'eve Scha'anan, nicht weit von dem Ort, wo meine Großmutter und ihre Freundinnen das »Mütterheim« aufgebaut hatten.

1 Rückkehr von Juden ins Gelobte Land.

2 Durch finanzielle Hilfe von jüdischen Gemeinden weltweit betrieb der Jüdische Nationalfonds – »Keren Kayemeth LeIsrael« – bis 1948 vor allem den Landerwerb für jüdische Siedler. Heute fördert er Umweltprojekte und ist landesweit in der Forstwirtschaft tätig.

Der Gandhi von Ramat HaSharon

Tomer Ganihar

Eine meiner ersten Erinnerungen ist sonderbar. Ich wohnte in einem Vorort von Tel Aviv, in Ramat HaSharon. Der Ort war ursprünglich für Armeeangehörige gegründet worden, für Veteranen und ehemalige Generäle, um sie für ihren Dienst mit einem guten Lebensstandard zu belohnen. Es war ein ruhiger und angesehener Ort. Mein Vater, ein Zivilist, meinte, es wäre ein guter Platz, um seine Kinder aufzuziehen. Ein sicherer und netter Ort, nicht weit von Tel Aviv. Mann, hat er sich geirrt! Wir waren eine der wenigen Familien, die nicht zum Militär gehörten, umzingelt von Armeeangehörigen, dem Chef des Mossad, dem Generalstabschef, von legendären Persönlichkeiten in der historischen Mythologie Israels, wie Moshe Dayan und Ezer Weizman, dem Gründer der israelischen Luftwaffe, der später Präsident von Israel wurde, und vielen anderen.

Ich war ein netter, friedlicher und glücklicher Junge, der den ganzen Tag vor sich hin pfiff. Ganz langsam begriff ich, dass ich von Geistesgestörten umgeben war. Eine ganz frühe Erinnerung ist, dass ich als ungefähr Vierjähriger auf der Straße stand, und Ezer Weizman drückte meinen linken Arm und schrie: Tommi wird Kommandeur der Luftwaffe werden. Auf meiner rechten Seite war Chaim Bar-Lev – der legendäre Stabschef der Panzerdivision – und schrie Ezer Weizman an: Tommi wird General der Panzerdivision werden. Ich war erst vier Jahre alt und sie stritten sich über Dinge, die erst zwanzig Jahre später passieren sollten! Ich weinte und rief nach meiner Mutter, damit sie mich vor diesen Irren rettete. In einer solchen Umgebung wird vom ersten Tag an von dir erwartet, später zu einem Kämpfer zu werden. Und es gab feste Verhaltensregeln: niemals weinen, sich niemals beschweren, niemals Gefühle zeigen. Natürlich wirst du, wenn du achtzehn bist, für dein Land kämpfen und hoffentlich überleben. Und falls du stirbst, stirbst du für dein Land. Von Kindesbeinen an lastet ein enormer Druck auf deinen Schultern. Ich erinnere mich, dass in unserer Nähe die Familien der israelischen Luftwaffe lebten. Dort war jeder ein legendärer Pilot. Wenn man bei ihnen in die Wohnung kam, sah man Urkunden, die bezeugten, wie viele feindliche Maschinen sie im Krieg abgeschossen hatten. Manche hatten nur eine Urkunde, andere zehn. Der soziale Status im Viertel wird nach der Zahl der Urkunden bestimmt. Die Kinder dieser Piloten, meine Freunde, wurden dazu geboren, die erfolgreichen Erben ihrer Eltern zu sein. Wenn es so weit war, würden sie zur Luftwaffe gehen und Piloten werden. Darunter würde man es nicht machen. Aber es ist schwer, von der Luftwaffe akzeptiert zu werden, von Hunderten Bewerbern schaffen es nur fünf oder sechs. Manche der jungen Männer, die die Ausbildung nicht durchhalten – und das sind die meisten –, können die Schande nicht ertragen. Es lässt sich nicht geheim halten. Wenn einer rausfliegt, erfahren es alle. Unser Gymnasium war das einzige hohe Gebäude in der ganzen Gegend, sonst gab es nur Villen. Also stiegen jedes Jahr Verlierer auf das Dach des Gebäudes, das sie ein Jahr zuvor noch als Schüler besucht hatten, um sich das Leben zu nehmen. Ihrer Meinung nach hatten sie ihre Eltern enttäuscht. Waren Versager. Als Kinder haben wir gewettet, wer wohl im folgenden Jahr hinunterspringen würde. Einmal habe ich gewonnen und mir damit ein nettes Sümmchen verdient. Das war ein sehr morbider schwarzer Humor. Einige Soldaten, Söhne von Generälen, litten unter den Traumata aus verschiedenen Kriegen, Jom-Kippur-Krieg, Sechstagekrieg. Einer wurde blind, einer verlor einen Arm, andere hatten Alpträume – alle gingen durch die Siedlung wie Zombies. Es war wie in *Die Nacht der lebenden Toten*[1]. Sie waren unter uns. Man hörte sie weinen und nachts in ihren Alpträumen schreien. Als Kind schaut man sie an und denkt: Du bist der Nächste. Es ist jedenfalls kein besonders gutes Umfeld für ein Kind, um aufzuwachsen. Ich erinnere mich besonders gut an die Geschichte eines Mannes aus unserer Nachbarschaft, Rehavam Ze'evi. Zuletzt war er Minister für Innere Sicherheit und wurde im Jahre 2001 von Palästinensern ermordet. Er war als rücksichtsloser General bekannt. Ein großer Kämpfer, aber ausgesprochen rabiat – verglichen mit ihm war Ariel Scharon eine Taube. Er war sehr grausam und vollkommen verrückt. Seine Tochter nannte er Masada[2]. So jemand war er. Unter den Irren war er die Nummer eins oder zwei. Noch Jahre nachdem er die Armee verlassen hatte, trug er eine Uniform. Nach dem Sechstagekrieg, als

Israel einen legendären Ruf in der ganzen Welt hatte, alle beteten Israel an, schenkte ihm ein afrikanischer Diktator (Rehavam Ze'evi hatte ironischerweise den Spitznamen Gandhi) drei Geparde. Normalerweise sieht man seinen Nachbarn mit einem Golden Retriever auf der Straße herumlaufen – ich sah Gandhi mit seinen drei Geparden spazieren gehen! In solch einem Umfeld bin ich aufgewachsen. Für diese Menschen war ich, der Künstler, ein großer Versager. Als ich zur Armee ging, obwohl ich ein Pazifist war, wählte ich die gefährlichste Einheit, die ich finden konnte. Was hätte ich anderes tun können? Das wurde von einem erwartet, vom ersten Tag an. Mit sechzehn Jahren gehen israelische Gymnasiasten in ein Sommerlager. Man fährt mit ihnen zu den Todeslagern nach Polen, nach Auschwitz. Warum? Damit sie bessere Soldaten werden. Das sind keine Orte für sechzehnjährige Jugendliche. In diesem Alter sollte man Fußball spielen. Sogar im Armeeslang nennt man die Soldaten, die sich besonders gefährden, »die Vergifteten«. Wenn du ein hervorragender Soldat bist, sagst du: Oh, ich bin so vergiftet. Vor einem Jahr, in New York, sagte jemand etwas zu mir, was mich besonders traf. Er sagte: Du hast dich freiwillig für die gefährlichste Einheit gemeldet. Ich sagte, ja. Die Chancen, einen Krieg zu überleben, waren fast null. Ich sagte, ja. Diese spezielle Einheit wurde nach jedem Krieg aufgelöst und immer wieder neu gegründet. Da sagte der Typ: Dann bist du also ein Märtyrer. Als ich das hörte, war ich geschockt. Ich war wie gelähmt. Wovon sprichst du? Ich war kein Märtyrer! Ich habe mich freiwillig gemeldet, um mein Land zu verteidigen. Doch dann überlegte ich, ja, im Prinzip war ich ein Shahid.

In einer solchen Umgebung aufzuwachsen war extrem. Die Essenz meiner künstlerischen Arbeit ist es, die Atmosphäre zu verändern. Den Dialog zu verändern, die Routine. Eine Alternative zu dieser halbverrückten Kindheit zu zeigen. Natürlich hatte ich auch großartige Momente in meiner Kindheit. Meine Eltern waren sehr liebevoll. Ich kann mich nicht beklagen, das wäre nicht fair. Aber das Umfeld war nicht normal, es war nicht normal, Kinder solch einem Druck auszusetzen. Es ist nicht normal, mit sechzehn Jahren nach Auschwitz zu fahren. Es ist nicht normal, mit achtzehn zur Armee zu gehen statt zur Universität. Der Militärdienst ist

Pflicht. Das ist keine normale Umgebung. Ich bin nicht naiv, ich weiß, dass Israel ohne seine Armee nicht einen Tag überleben würde. Aber auch dieses Wissen und die Akzeptanz können mich nicht dazu bringen, diese Tatsache zu lieben. Ich bin mir der Absurdität dieser Situation sehr wohl bewusst. Für die Generäle unseres Viertels bin ich also ein Versager. Der Bürgermeister meiner Stadt wird mich nie ehren.

1 US-Horror-Kultfilm von 1968.

2 Ehemalige jüdische Festung, in der sich 960 Juden umbrachten, um nicht den Römern in die Hände zu fallen. Masada gilt als Symbol des jüdischen Freiheitswillens.

X
Mohammad Bakri

Heute Morgen unterhielt ich mich mit einem meiner Söhne, der im Lee Strasberg Institut in New York ein Schauspielstudium abgeschlossen hat. Wir sprachen über Ghassan Kanafani. Das war ein palästinensischer Schriftsteller und Sprecher der PLO. Und er war ein sehr intelligenter Journalist, er schrieb vier Romane und eine Unmenge Kurzgeschichten. Er war Chefredakteur einer Zeitung der PLO, und er malte. Der Mossad hat ihn ermordet, als er sechsunddreißig Jahre alt war, im Jahr 1972. Mein Sohn fragte mich, warum sie ihn getötet hatten. Ich sagte: »Weil er die Geschichte erzählt hat. Er erzählte unsere Geschichte.« Sie unterscheidet sich von der israelischen Erzählweise. Ich erzählte ihm auch von *Rashomon*, einem japanischen Film unter der Regie von Akira Kurosawa. Ein Film über drei Personen: eine Frau, ihr Mann und ein Dieb. Sie treffen sich im Wald. Der Dieb tötet den Ehemann und vergewaltigt die Frau. Der Film erzählt die Geschichte aus dem Blickwinkel aller drei Protagonisten. Die Frau erzählt die Geschichte aus ihrer Sicht, der Mann aus seiner und ebenso der Dieb. Wenn du dir diesen Film anschaust, siehst du drei verschiedene Wahrheiten. So ist es auch mit den Geschichten der Israelis und der Palästinenser. Unsere Geschichten sind verschieden. Ich muss die israelische Geschichte nicht durchstreichen, weil sie anders ist als meine. Und sie sollten meine Geschichte nicht durchstreichen, weil sie anders ist als ihre. Sie haben meine Geschichte durchgestrichen, als sie Ghassan Kanafani ermordeten.

Die Fliesen meines Vaters

Etgar Keret

Meine Eltern sind beide Holocaust-Überlebende. Meine Mutter ist die Einzige aus ihrer Familie, die das Warschauer Ghetto überlebt hat. Sie verlor ihre Eltern und ihren Bruder. Mein Vater ist mit seinen Eltern nach Israel gekommen. Er hatte eine Schwester verloren. Während des Krieges war er mit seinen Eltern sechshundert Tage lang in einem Erdloch versteckt. Das war auf einem Bauernhof in einem Ort namens Baranovichi, der jetzt zu Weißrussland gehört. Der alte Bauer, der sie versteckte, hatte einen Sohn, der mit der SS kollaborierte und die SS davon überzeugte, ihr Hauptquartier auf dem Hof seines Vaters einzurichten. Das Versteck, das ursprünglich nur für einige Tage dienen sollte, lag also in unmittelbarer Nähe zur SS, deshalb konnten sie nicht raus. Die Schwester meines Vaters wurde entdeckt, gefangen genommen und gefoltert. Sie war sehr jung, und sie töteten sie – aber sie hat das Versteck der anderen nicht verraten. Sie versteckten sich sechshundert Tage. Als sie befreit wurden und aus dem Loch herauskamen, konnten sie nicht mehr gehen. Sie konnten nicht stehen, weil ihnen die Muskeln nicht mehr gehorchten. Als mein Vater hierher kam, war er glücklich und optimistisch – ein seltsam schwingender Mensch. Er hatte alles Mögliche im Gepäck, außer dem Holocaust. Zum Beispiel sagte er: Weil ich überlebt habe, möchte ich nicht nur ein Leben leben, sondern viele. Also hat er alle sieben Jahre seinen Beruf gewechselt. Manchmal machte er Arbeiten, die er gut konnte, und wir hatten Geld. Manchmal verrichtete er Arbeiten, in denen er schlecht war, und dann waren wir sehr, sehr arm. Weil er in einem Erdloch gelebt hatte, war er von der Idee besessen, dass jedes seiner Kinder ein eigenes Zimmer bekommen müsse. Er war traumatisiert, weil er selbst nie eine Privatsphäre besessen hatte. Uns hat die Privatsphäre nicht interessiert, aber wir verstanden, dass er in dieser Hinsicht unter einer Zwangsvorstellung litt. Wir waren aber keine reiche Familie, daher konnte er sich den Luxus eines eigenen Zimmers für jedes Kind nicht leisten. Er sprach ständig darüber, wir müssten sparen, damit wir in eine Wohnung ziehen könnten, in der jedes Kind ein Zimmer hätte. Als ein neues Wohnhaus gebaut wurde, gelang es ihm, eine Wohnung anzuzahlen. Es sollte eine riesige Wohnung sein. Zumindest für unsere Verhältnisse, denn wir lebten in einer sehr kleinen Wohnung. Das Haus war zwei Straßen von uns entfernt. Er führte uns hin und zeigte es uns, er war euphorisch. Er wiederholte immer wieder, wir könnten uns wirklich nicht vorstellen, wie es wäre, wenn jeder sein eigenes Zimmer hätte. Uns war das scheißegal, aber wir wussten, wie wichtig es für ihn war. Wir sagten: Okay, Papa, klar, Papa. Ich war damals sieben Jahre alt. Die Mauern waren schon hochgezogen, aber mein Vater wollte uns die Baustelle nicht zeigen. Er wollte uns überraschen. Schließlich war es so weit, wir sollten das Haus sehen, wir zogen unsere besten Kleider an, als gingen wir zu einer Hochzeit. Er führte uns zu der Wohnung und machte die Tür auf. Meine Mutter war besorgt. Sie wusste, dass wir nicht genug Geld hatten, aber sie war auch gespannt. Wir schauten uns die Wohnung an und sahen, dass sie hübsch war, aber ohne Fußboden. Wo der Fußboden sein sollte, war nur Sand. Meine Mutter fing an zu schreien: Was ist hier los? Er sagte, weil er auf eine großen Wohnung bestanden habe, reiche das Geld nicht für den Fußbodenbelag. Meine Mutter fragte: »Wie soll ich ohne Boden putzen?« Er sagte: »Du kennst mich doch, ich kann jedes Problem lösen, aber nicht, wenn du die ganze Zeit mit mir streitest. Du musst mir vertrauen. Bis zum Einzug haben wir noch acht Wochen. Ich finde schon etwas.« Es war eine anstrengende Zeit, weil mein Vater sich weigerte, darüber zu sprechen, und meine Mutter war völlig gestresst. Als der Umzug kam, hatten wir nicht nur einen Fußboden – damals war Israel ein sozialistisches Land, und alle Fußböden sahen gleich aus –, wir hatten in unserer Wohnung geflieste Böden! Kein anderer hatte Fliesen. Fast jedes Zimmer hatte eine andere Farbe, es war verrückt! Wir waren aufgeregt. Wir luden unsere Freunde ein und zeigten ihnen die gefliesten Böden, jeden Boden in jedem Zimmer. Kinder aus der Nachbarschaft fragten, ob sie kommen dürften, um die Fliesen zu sehen. Mein Vater weigerte sich zu sagen, wie er das Geld für die Fliesen bekommen hatte, denn sie waren vermutlich viel teurer als ein normaler Fußboden. Allmählich stellten wir etwas Seltsames fest. Wir merkten, dass Menschen, die wir nicht kannten, zu uns kamen. Sie gingen durch die Wohnung, unterhielten sich miteinander, sprachen uns aber nicht an. Als Kind begriff ich das nicht, aber von meiner Mutter erfuhr ich schon bald, dass mein Vater mit einem Fliesenhersteller einen Vertrag abgeschlossen hatte, dass er unsere Wohnung als Musterwohnung für seine Fliesen benutzen durfte. Dafür hatte mein Vater die Fliesen umsonst bekommen, und unsere Familie sollte für den Firmenkatalog fotografiert werden. Mein Vater hatte Angst gehabt, es meiner Mutter zu erzählen, sie hätte ihn umgebracht. Manchmal kam ich aus der Dusche, ein Badetuch um die Hüften, und sah fremde Leute, die in der Wohnung herumliefen und sagten: Oh, dieses Naturgrün ist wirklich etwas Besonderes. So war mein Vater zu seiner Traumwohnung gekommen. Ich habe darüber nachgedacht, was diese Geschichte mit Israel zu tun hat, insbesondere mit Israel. Dieses Land wurde in einem Spannungsbogen zwischen Träumen und Sehnsüchten und einer sehr harten Realität gegründet. Die Phantasievorstellungen der Menschen, die hierher kamen und Ruhe finden wollten, konnten oft durch das, was das Land zu bieten hatte, nicht erfüllt werden. Das konnte in vieler Hinsicht kreativ sein, aber auch beklemmend, es konnte schön oder hässlich sein. Die Menschen versuchten, Gräben zu überbrücken, wie zwischen dem Verstecken vor den Nazis in einem Erdloch und dem, was dieser neue Ort ihnen bot. Ich glaube, im Fall meiner Familie hat das immer zu etwas Seltsamem geführt, aber ich möchte dazu einen schönen Kommentar abgeben: Meine Familie ist keine übliche Familie. Es ist schon etwas Besonderes, wenn man keine normalen Wohnungen hat, kein normales Auto und noch nicht einmal normale Unterwäsche. Alles hat mit tiefen Emotionen und den Geschichten von Einwanderern zu tun.

Großvaters Bibel

Samuel Maoz

Ich erinnere mich, dass wir in unserer Wohnung eine Vitrine hatten. Meine Mutter besaß eine Sammlung von Parfümfläschchen, außerdem gab es andere Flaschen, weil meine Eltern gerne tranken und tanzten, und in so etwas wie einem kleinen Safe befand sich eine alte Bibel. Als ich drei Jahre alt war, erzählte mir meine Mutter, dass ihr Großvater ihr die Bibel gegeben hatte, bevor man ihn in die Gaskammer brachte. Als sie den Großvater von der Familie trennten und er begriff, dass man ihn jetzt in die Gaskammer bringen würde, gab er ihr die Bibel und sagte, sie solle gut darauf aufpassen, die Bibel würde ihre Familie beschützen; danach wurde er abgeholt. Als ich drei Jahre alt war, sagte sie zu mir: »Außer meinem Großvater wurden wir alle gerettet, ich, mein Bruder, meine Eltern. Wir kamen nach Israel, und hier lernte ich deinen Vater kennen und wir bekamen dich. Und jetzt haben wir sogar den Sechstagekrieg gewonnen, alles wegen dieser Bibel. Wenn du groß bist und Soldat wirst, werde ich dir die Bibel geben, und sie wird dich beschützen.« Sie erzählte mir, ihr Urgroßvater habe diese Bibel ihrem Großvater gegeben. Sie musste also schon sehr alt sein. Sie erzählte mir das also, als ich drei Jahre alt war, und dann sprachen wir nicht mehr darüber, vielleicht nur gelegentlich, und jetzt überspringe ich zehn Jahre …

Wir befinden uns in den siebziger Jahren. Ich ging in Tel Aviv spazieren und sah einen neuen Laden, »Book Shuk«. »Shuk« heißt auf Hebräisch Markt, es war also eine Art Buchmarkt, in dem man antiquarische Bücher und Magazine kaufen konnte. So etwas hatte es davor nicht gegeben. Ich ging in den Laden hinein und stöberte und sah zum ersten Mal in meinem Leben ein *Playboy*-Heft. Das war ganz anders als heute. Für uns, die wir damals dreizehn oder vierzehn waren, war das etwas Besonderes. Ich erinnere mich genau, dass der Anblick einer Frau in Unterwäsche in einem Magazin uns schon aufregte … Mit einem solchen Foto als Vorlage konnten wir ewig onanieren. Ich hatte gewusst, dass es den *Playboy* gab, aber plötzlich sah ich ihn mit eigenen Augen und fing an zu blättern, ich fühlte mich wirklich wie im Siebten Himmel. Ich war sehr aufgeregt, der Ladenbesitzer kam zu mir und sagte: »Nur anschauen, das gibt es hier nicht. Wenn du das Heft kaufen willst, bitte, ansonsten musst du leider gehen.« Also ging ich hinaus. Das Heft war sehr teuer, natürlich hatte ich das Geld nicht. Aber es ging mir nicht mehr aus dem Kopf. Nur bei der Erinnerung an das Foto, das ich gesehen hatte, onanierte ich drei oder vier Tage lang jeweils zwei- oder dreimal, ich konnte mich einfach nicht bremsen. Das Verlangen, dieses Heft zu besitzen, war stärker als alles andere. In dem Laden hatte ich auch das Angebot »Tauschen« gesehen, also ging ich zum Safe und nahm die alte Bibel heraus. Ich wusste die ganze Zeit, dass ich etwas Falsches tat, aber das Verlangen war stärker als ich. Ich ging zum Laden und sagte zu dem Besitzer: »Hören Sie, ich habe kein Geld, aber ich habe eine sehr alte Bibel, die ich gegen das *Playboy*-Heft eintauschen möchte.« Er nahm die Bibel – ich weiß es bis heute noch ganz genau –, betrachtete sie und sagte: »Du kannst dafür fünf Hefte nehmen!« Ich hatte eines haben wollen, und er bot mir fünf an. Also nahm ich fünf *Playboys* und verließ den Laden. In den ersten Tagen war ich sehr nervös, aber ich hoffte, sie würde es nicht merken, vielleicht war es ja nicht wichtig, aber ich war der König der Klasse. Stell dir vor, ich besaß fünf *Playboy*-Hefte. Ich weiß noch, dass ich eines meinem Freund schenkte. Wir machten eine Liste, jeden Tag bekam ein Freund ein Heft, nach einer Woche musste er es zurückbringen, dann kam der nächste dran. Wenn sie mir die Hefte zurückbrachten, konnte ich die Seiten oft nicht umblättern. Eines Tages kam ich nach Hause, und meine Mutter war hysterisch. Sie konnte die Bibel nicht finden. Mein Vater half ihr bei der Suche. Als sie mich sah, fragte sie: »Hast du eine Ahnung, wo die Bibel ist?« Ich sagte, ich wisse es nicht, aber sie merkte sofort, dass ich log. Sie fragte mich: »Was hast du mit der Bibel angestellt?« Ich gab zu, dass ich sie im Book Shuk gegen ein paar Magazine getauscht hatte, aber ich sagte nicht, dass es sich um *Playboys* gehandelt hatte. Mein Vater und meine Mutter rannten sofort zu dem Laden. Mein Vater war bereit, die Bibel für viel Geld zurückzukaufen, doch der Ladenbesitzer sagte: »Es tut mir leid, ich habe die Bibel schon an einen Sammler verkauft. Ich habe keinen Kontakt zu ihm.« Meine Mutter kam nach Hause und fragte nach den *Playboy*-Heften. Sie war vollkommen außer sich, ich hatte Angst, sie würde mich umbringen. Aber mein Vater nahm sie mit ins Schlafzimmer. Ich stellte mich an die Tür und lauschte. Er sagte zu ihr: »Hör zu, wenn wir die Hysterie mal zur Seite schieben, dann ist das doch das Beste, was der Bibel passieren konnte.« Er sagte auch: »Denk darüber nach. Das heißt doch, den Tod ins Leben zu verwandeln. Du solltest froh sein. Unser Junge ist normal. Und es ist letztlich doch nur ein Buch.« Irgendwie schaffte er es, sie zu beruhigen. Sie sagte zu mir: »Okay, ich verzeihe dir.« Das Ende dieser Geschichte ist ein bisschen dürftig, aber ich denke, sie sagt trotzdem viel über die damalige Situation.

Afrika

Alex Epstein

Ich bin in der Sowjetunion geboren und 1980 hierher gekommen, mit acht Jahren, zu einer Zeit, als es kaum Immigranten aus der Sowjetunion gab, denn die große Einwanderungswelle kam später, als der Ostblock auseinanderbrach. Natürlich wusste ich nichts von Israel. Ich hatte keine Vorstellung davon, was Israel war, wo Israel lag, was dort los war. Mein Vater sagte mir lediglich, ich würde viele neue Spielsachen bekommen. Darauf warte ich heute noch.

Als wir aus dem Flughafen kamen, sah ich zum ersten Mal in meinem

Leben eine Palme und begriff sofort, dass meine Eltern mich nach Afrika gebracht hatten. Ich war aufgeregt und dachte: Oh, Mann, das ist das Beste, was mir je passiert ist. Das Problem ist – man kennt ja die üblichen Probleme von Immigranten –, dass man immer Immigrant bleibt, man bleibt immer ein bisschen fremd, man bleibt immer ein bisschen anders als die anderen Leute.

Die Gärten von Samaria

Yuda Braun

Unsere Siedlung hat ungefähr tausendfünfhundert Bewohner und heißt Ginot Schomron, Gärten von Samaria. Klingt wie eine Wohngegend in Los Angeles. Aber sie ist alles andere als das! Die Siedlung liegt auf einem Berg, und vielleicht fünf Kilometer weiter unten, im Wadi, befindet sich ein palästinensisches Dorf. Die Mauern stammen aus Steinen dieser Gegend, ebenso die anderen Baumaterialien. Es sind keine städtischen Häuser, kein Zement, kein Beton, nichts. Der Anblick ist sehr schön. Altertümlich. Es gibt eine Quelle, in der wir als Kinder immer gebadet haben, wir waren gern dort. Die Quelle ist etwas außerhalb des Dorfs.

Eines Tages gingen wir hinunter und stahlen einen Esel. Unser Adrenalinspiegel stieg, wir hatten fünf Kilometer zu laufen, und zwar schnell, bevor der Besitzer des Esels zurückkommen würde. Verstehst du, es war keine nationalistische Aktion, nur ein Jungsstreich. Los, klauen wir doch mal einen Esel, das wird ein Spaß. Und nun hatten wir diesen Esel. Was sollten wir mit ihm anfangen? Da saßen wir also, drei Jungen, dreizehn oder vierzehn Jahre alt, und ich sagte: »Bei uns zu Hause kann er nicht bleiben, meine Mutter bringt mich um.« Der zweite Junge sagte: »Meine Eltern haben einen kleinen Garten. Ich weiß nicht, wo ich den Esel hintun sollte.« Der dritte Freund wohnte am Ende der Siedlung, am Wadi. Dort blieb der Esel ungefähr einen Monat lang. Er schiss überall hin und machte den ganzen Tag Lärm. Der Esel passte einfach nicht zu unserer Siedlung. Wir berieten, was wir tun sollten, wir mussten eine Lösung finden. Es gab verschiedene Vorschläge: Wir sollten ihn behalten. Wir sollten ihn verkaufen. Am Ende bekam ich kalte Füße und ging nicht mit. Aber die beiden anderen Jungen liefen mit dem Esel hinunter zum Dorf und verhandelten mit dem Besitzer. Sie wollten ihm den Esel zurück verkaufen. Der Mann war um die fünfzig oder sechzig. Ich war nicht dabei und weiß deshalb nicht, was wirklich passierte. Ich weiß nur, dass irgendwann ein palästinensischer Polizist mit einer Kalaschnikow auftauchte. Meine Freunde gaben den Esel zurück und gingen nach Hause. Der Polizist hatte nichts gesagt und nichts getan, er war nur da gewesen. Das war das letzte Mal, dass wir mit den Tieren der Palästinenser unsere Scherze getrieben haben. So etwas durfte man den Dorfbewohnern nicht antun. Aber schließlich hatte er seinen Esel zurückbekommen, wir haben doch nur eine Weile Babysitter gespielt.

Ali, lass mich doch hier bitte nicht wie ein Arschloch erscheinen.

Panik

Sigalit Landau

Ich kann mich erinnern, dass wir 1982 den Gang zu den Luftschutzkellern geprobt haben. Die Sirenen heulten. Es gab zwölf Schulklassen und drei Luftschutzkeller, und die Lehrer sollten jeweils vier Klassen in einem Keller unterbringen. Aber in einem Keller waren acht Klassen, und die Kinder sprangen auf uns drauf. Die Kinder, die oben waren, zertrampelten die Kinder darunter. Viele kamen ins Krankenhaus. Ein Kind starb. Auf mir zerbrachen Gläser. Die Kinder drängten herein, und die beiden Lehrer, die auch im Raum waren, konnten nicht helfen. Alle drängten. Es war ein Notfall, die Sirenen heulten. Man musste sich verhalten, als wäre es ein echter Alarm.

Ein Luftschutzkeller ist kein sicherer Ort. Im letzten Krieg hat niemand von uns das getan, was wir angeblich tun sollten. Die Menschen sind neurotisch, wenn es so weitergeht, wird wahrscheinlich nicht mehr vor Raketen gewarnt werden. Der Alarm ist schlimmer als die Raketen selbst. In der Zeit zwischen dem Alarm und dem Raketeneinschlag ist man wie gelähmt. Die Sirene versetzt einen so sehr in Panik, dass eine Bombe nichts dagegen ist.

Kranke Generation

Hava Pinhas-Cohen

Als ich 1973 zur Armee ging, begann ein Krieg, der mich und meine ganze Generation prägte. Tatsache ist, dass es meine Generation am schlimmsten getroffen hat. Wir nahmen am Krieg teil, aber das war nicht alles. Diese Generation hatte in ihrer Kindheit den Sechstagekrieg erlebt. Vor diesem Krieg hatte eine mythische Angst geherrscht, Israel könne aufhören zu existieren. Dass sich eine Katastrophe wie der Holocaust hier wiederholen könnte. Andererseits hatten wir das Gefühl, dass wir die Verantwortung für unser Leben selbst übernahmen. Man konnte es also von beiden Gesichtspunkten aus betrachten. Nach dem Sechstagekrieg herrschte ein Gefühl der Erlösung. Ich weiß noch genau, wie unser Schuldirektor am siebten Tag, direkt nach dem Krieg, sagte: »Plötzlich haben wir einen großen Himmel über uns!« Das war das damals vorherrschende Gefühl. Ich beurteile jetzt nicht, was richtig oder falsch war, das spielt keine Rolle. Ich sage auch nicht, was es politisch bedeutete.

Als ich im Gymnasium war, gab es im Sinai einen Krieg mit Ägypten, an der Grenze. Wir nennen ihn den Zermürbungskrieg. Er dauerte von 1967 bis 1970, das waren genau die Jahre, in denen ich das Gymnasium besuchte. Es ging einfach weiter, und jeden Tag gab es Tote. Ich weiß noch, dass es in der Schule eine Tafel mit den Namen der Gefallenen aus unserem

Gymnasium gab, und fast jede Woche kam ein neuer Name dazu. Der Grenzkrieg war weit weg, zugleich aber auch hier, es gab sogar eine politische Bewegung dagegen. Dann, 1973, war ich Soldatin, und im Oktober fing der Jom-Kippur-Krieg an. Alle meine Freunde waren frisch eingezogen. Unser ganzer Jahrgang war dort. Unsere Generation war zerschnitten. Ich meine damit, dass bei uns immer jemand fehlt, wenn wir ein Klassentreffen von der Grundschule oder dem Gymnasium veranstalten. Nicht nur einer oder zwei fehlen, sondern mehr. In jeder Klasse fehlen etliche. Das ist also meine Generation. Und nicht erst heute, wo ich älter geworden bin, sehe ich unter den Menschen meines Jahrgangs viele, die entweder verkrüppelt oder seelisch gestört sind.

Meiner Meinung nach sind wir eine sehr kranke Generation. Erstens, weil wir Kinder von Flüchtlingen waren, von Überlebenden, das mussten wir überstehen, und dann noch wegen unseres eigenen Kriegs. Lauter Extreme. Und so ging es immer weiter, in den Achtzigern hatten wir den Libanonkrieg und dann die Intifada, und in den zehn Jahren dazwischen gab es einen heftigen Kampf zwischen dem rechten und dem linken Flügel. Israel Har'el war eine Leitfigur von Gush Emunim[1], das andere Extrem war Schalom Achschaw[2] vom linken Flügel. Man konnte sich nur selbst definieren, wenn man über politische Themen sprach. Aber dadurch, dass man sich für oder gegen etwas ausspricht oder ob man links oder rechts ist, ist man doch nicht man selbst.

1 Der Gush Emunim – »Block der Getreuen« – ist eine außerparlamentarische nationalreligiöse Organisation. Sein Ziel ist die Besiedlung des gesamten Gebietes, das den Juden nach biblischer Überlieferung von Gott versprochen wurde.

2 Schalom Achschaw – »Frieden jetzt« – ist eine außerparlamentarische Friedensbewegung, deren Ziel es ist, einen gerechten Frieden und eine historische Versöhnung mit dem palästinensischen Volk sowie den arabischen Nachbarn zu erreichen.

Tami und ich

Amal Murkus

Ich bin schon mit dreizehn als Sängerin bei Konzerten aufgetreten. Seit meiner Kindheit waren wir mit einer jüdischen Familie befreundet, die wie wir Mitglieder in der kommunistischen Partei Israels waren. Sie dachten wie meine Eltern. Sie glaubten an Frieden, an gleiche Rechte für alle und waren gegen die Besatzung. Und sie sprachen die gleiche Sprache der Humanität wie ich. Ich wuchs damit auf, diese jüdischen Freunde zu treffen, die keine Zionisten waren. Sie waren Teil dieses Landes. Sie haben eine Tochter, Tami, die eine gute Freundin von mir ist. Tami wurde im selben Jahr wie ich geboren, im selben Monat, fast in derselben Woche, und unsere Eltern sind einander ähnlich. Sie besuchte uns jeden Sommer. Sie kam von Ramat Gan[1] zu uns, um eine Woche oder zehn Tage der Sommerferien bei uns zu verbringen. Ihr Vater stammte aus dem Irak und ihre Mutter aus Bulgarien.

Ich probte gerade in Nazareth, der großen palästinensischen Stadt, als Tami mich besuchte. Am Abend brachten uns die Musiker nach Kfar Yasif, in mein Dorf, ungefähr fünfunddreißig Autominuten entfernt. Unterwegs hatte das Auto ein Problem. Wir mussten neben dem jüdischen Nazareth[2] anhalten. Tami und ich standen da, lachten und plauderten, wie Freunde es eben tun, und die arabischen Musiker reparierten den Wagen. Plötzlich kamen zwei Polizisten in ihrem Auto vorbei. Es war gegen sieben Uhr abends. Sie hörten, dass ich Hebräisch sprach, weil Tami nicht so gut Arabisch konnte. Sie trug eine Kette um den Hals, mit ihrem Namen »Tami« in hebräischen Buchstaben. Einer der Polizisten kam zu uns und sagte zu Tami: »Was machst du hier?« Sie sagte: »Wie bitte? Das geht Sie doch nichts an.« Er fragte: »Was hast du mit diesen Männern zu tun?« Und sie sagte: »Das geht Sie nichts an.« Da fragte er mich: »Warum ist dieses Mädchen mit dir zusammen?« Ich sagte: »Sie ist meine Freundin aus Tel Aviv, sie ist zu Besuch.« Dann wollte er auch von mir wissen: »Wer sind diese Männer?« Er begann ein Verhör. Er nahm Tami zur Seite und flüsterte: »Hab keine Angst!« Sie brachten uns alle zur Polizeistation. Sie dachten, wir hätten Tami, die Jüdin, entführt. Wir wurden fünf Stunden lang in der Polizeistation von Nazareth festgehalten, fast bis Mitternacht. Sie verhörten mich und Tami und ließen uns nicht gehen. Tami schrie die ganze Zeit, die Polizisten seien verrückt. Dann riefen sie ihre Mutter an. Die Mutter sagte zu den Polizisten: »Sie sind Rassisten und Faschisten. Können Sie nicht glauben, dass es Freundschaft zwischen Juden und Palästinensern gibt? Amal ist wie ein Teil meiner Familie.« Sie waren nicht bereit, Tami gehen zu lassen, das taten sie erst, als ihre Eltern ein Fax zur Polizei schickten und erklärten, sie seien damit einverstanden, dass ihre Tochter Tami ihre Freundin in Kfar Yasif besucht.

1 Mittlerweile ein Vorort von Tel Aviv.
2 Auf einem Hügel nahe der historischen, überwiegend von Arabern bewohnten Stadt Nazareth gründeten Juden 1957 Nazareth Illit.

Mosaik der Stimmen
Ayman Sikseck

Ein palästinensischer Israeli zu sein birgt immer viele Konflikte. Am schlimmsten ist es am Flughafen. Weil du ein israelischer Araber bist und obwohl sie wissen, dass du und deine Familie hier geboren sind, behandeln sie dich sofort wie einen Kriminellen, es sei denn, du beweist ihnen das Gegenteil. Da war zum Beispiel neulich die Konferenz in Deutschland, an der ich teilgenommen hatte. Nun flog ich mit dem Rest der israelischen Autoren zurück. Man hielt mich für einige Stunden fest. Vor den anderen Teilnehmern war das eine sehr erniedrigende Erfahrung. Und ich konnte nicht verstehen, warum sie das taten, sie sahen doch, dass ich mit einer Gruppe israelischer Autoren zusammen war, ich war bei einer Konferenz gewesen, wo war das Problem? Jetzt, wenn ich daran zurückdenke, glaube ich, es ging ihnen nur darum, mich zu demütigen. Auch wenn sie wissen, dass du keine Bedrohung bist, müssen sie automatisch die ganze Prozedur durchführen, nur um der Erniedrigung willen. Und es ist ihnen gelungen. Wenn ich jetzt zum Flughafen muss, habe ich Angst. Jedes Mal. Ich habe das Gefühl, etwas falsch zu machen. In dieser Hinsicht waren sie höchst erfolgreich. Ich glaube aber nicht, dass das repräsentativ ist für das Alltagsleben hier. Obwohl die Israelis zuweilen extreme Ansichten haben, was israelische Araber betrifft, gibt es doch ein Mosaik von Stimmen. Da ist zum Beispiel der Verlag, der mich veröffentlicht und will, dass meine Stimme gehört wird. Auf der anderen Seite gibt es viele Leser, die mich nicht verstehen: »Du bist ein Araber. Warum schreibst du auf Hebräisch? Warum erzählst du uns von deiner Vergangenheit? Warum sollen wir das wissen?« Sie sehen das sofort als Bedrohung. Absolut. Zugleich ist es auch faszinierend. Es gibt viele Menschen, die es hören wollen. Es ist nicht alles gleich. Die Ansichten sind zwiespältig, wie alles hier. Ich denke, hier ist zwangsläufig alles zwiespältig, weil alles dazu tendiert, extrem zu sein, schwarz oder weiß. Es ist hier sehr schwer, eine gemäßigte Position zu beziehen; wenn man versucht, mehr als eine Seite zu sehen, wird man sofort als Verräter abgestempelt. Deshalb werden Linke hier gehasst, selbst wenn sie Juden sind und ihre Familien im Holocaust waren, was sie als perfekte Israelis qualifizieren würde. Wenn sie linke Einstellungen haben, hält der Mainstream sie für Verräter. Weil sie versuchen, die palästinensische Geschichte zu berücksichtigen, die Nakba und ihre Geschichte. In Israel scheinst du ein Problem zu bekommen, wenn du mehr als eine Seite vertrittst. Weil es hier so viel einfacher ist, ein Extremist zu sein. Deshalb gibt es so viele davon. Intellektuell und persönlich ist es viel schwieriger, verschiedene Facetten einer Geschichte zu begreifen, deshalb wundere ich mich nicht, dass es in Israel so viele Extremisten gibt. Es ist viel einfacher. Das Leben der Extremisten ist einfacher als meines und das vieler meiner Freunde.

Wenn das Herz zerbricht, spürt die ganze Welt den Schmerz

Ehud Banai

Mein Großvater ist auf dem Ölberg begraben. Für uns ist das ein Symbol, weil dieser Ort gegenüber dem Jüdischen Tempel liegt, zugleich ist es aber auch der Kern des Problems. Mein Großvater ist im Zentrum des Problems begraben, das wir hier mit unseren Nachbarn haben. Ich glaube, dass die Verbundenheit unserer Nachbarn mit diesem Land unumstößlich ist, ebenso wie unsere Verbundenheit mit diesem Land. Nach Jahrtausenden ließ mein Urgroßvater alles im Iran zurück und kam nach Israel. Seither sind über hundert Jahre vergangen. Eine Generation nach der anderen wurde hier geboren. Wurzeln kann man nicht einfach kappen. Aber ich sehe auch – das habe ich von meinem Vater gelernt –, dass die Araber gute Nachbarn sind. Problematisch, ja. Aber sie sind unsere Nachbarn, ihre Verbundenheit mit diesem Land ist unverbrüchlich. Als Musiker habe ich viel von der arabischen Musik und Kultur um mich herum gelernt. Ich sehe, wie tief sie in Israel verwurzelt ist, und ich bete, es möge der Tag kommen, an dem alle Seiten begreifen, dass wir es nicht schaffen werden, sie von hier zu vertreiben. Aber sie können uns ebensowenig vertreiben. Wir alle müssen das akzeptieren, wir müssen uns gegenseitig akzeptieren. Das ist schwer zu erreichen, fast wie ein Traum. Wenn es nicht geschieht, gibt es eine Katastrophe. Ich hoffe, dass es nicht so weit kommt. Ich bin nicht der Einzige, der behauptet, dass dies der Kern des Problems ist; auch der Zohar, das Buch der Kabbala, sagt, dass Jerusalem das Herz der Welt ist. Wenn das Herz zerbricht, spürt die ganze Welt den Schmerz.

Die meisten Holocaust-Überlebenden sind sehr alt. Meiner Meinung nach hat das, was jetzt passiert, nichts mit dieser Vergangenheit zu tun. Als Erstes müssen sich beide Seiten anerkennen, nicht nur politisch, sondern auch kulturell. Beide Seiten haben einen Traum, nämlich die Augen zu schließen, und wenn sie sie wieder aufmachen, ist die andere Seite verschwunden, hat sich in Luft aufgelöst. Aber das wird nicht passieren. Zu behaupten, die Religion sei der einzige Grund für die Existenz dieses Staates, ist gegen die Religion. Die Weisen der jüdischen Religion hatten schon vor langer Zeit verstanden, dass es zwar eine Vision gibt, aber auch eine Realität. So erklärten sie, wie Gott den Verlauf der Dinge wollte. Wenn du etwas nicht bekommen kannst, musst du darauf verzichten. Wenn ich sage, dass ich das verstehe, dann ist es wie ein starker Glaube. Ich möchte Ost-Jerusalem nicht besetzen, denn dort leben dreihunderttausend Palästinenser. Das ist die Realität. Ich kann diese Gebiete deshalb nicht besetzen – Judäa und Samaria –, weil dort zwei, vielleicht drei Millionen Palästinenser leben. Das ist gottgegeben. Obwohl ich glaube, dass der Kern des Problems mit dem religiösen Glauben auf beiden Seiten zu tun hat. Ein fanatischer Glaube. Doch beide Religionen, der Islam und das Judentum, legen großen Wert auf Frieden. Im Judentum ist Frieden – Schalom – einer der Namen Gottes. Ich bete, und jeden Tag beende ich das Beten mit einer Bitte um Frieden. Die Vision der Propheten war, dass Jerusalem ein Ort des Lichts und der Weisheit für die ganze Welt sein solle.

Nur sechs Jahre

Sarah Blau

Im letzten Monat bin ich vierzig geworden. Da fängt man an, über sich selbst nachzudenken. Ich bin religiös und nicht verheiratet, und das ist schon sehr seltsam. Alle Menschen um mich sind verheiratet, meine Freunde, meine jüngere Schwester. Dass ich unverheiratet bin, ist ein großes Thema.

Ich will keine Kinder haben. Dir kann ich es sagen, weil du wieder weggehst. Kinderkriegen ist in Israel ein Muss, und wenn du sagst, dass du keine Kinder willst, dann ist das etwas Ungeheuerliches. Die Menschen starren dich an, sie bedauern dich mit deiner leeren Wohnung. Man hat hier Kinder nicht für sich selbst, sondern für die Gesellschaft, für das jüdische Volk. Alle sprechen die ganze Zeit über den Holocaust. Wir haben im

Holocaust so viele Juden verloren, wir haben Nachholbedarf, also kriegt man Kinder, die dann Soldaten werden. Es sind nicht einfach Kinder, die als Frucht der Liebe zwischen einem Mann und einer Frau entstehen. Ein Baby ist hier nicht einfach ein Baby. Man verlangt von dir, dass du Kinder bekommst. Dir kann ich es erzählen, weil du nicht von hier bist. Wenn ein neues Buch von mir erscheint, fragen mich die Journalisten: Wieso sind Sie, eine fromme Frau, nicht verheiratet, und warum haben Sie keine Kinder? Ich sage dann nicht, dass ich keine Kinder haben möchte, sie würden mich steinigen. Ich sage dann, dass ich es nicht weiß, dass alles seine Zeit hat, wir abwarten und schauen müssen.

Wie ich auf das Babythema komme? Nun, meine Mutter kam aus Ungarn, als sie sechs war, mein Vater kam ebenfalls aus Ungarn, da war er ein Jahr alt. Jetzt ist er achtundsechzig. Beide haben – aber willst du, dass ich dir Holocaust-Geschichten erzähle? Ich habe fünfzehn Jahre lang am Institut für Holocaust-Studien an der Universität Haifa gearbeitet, dann habe ich gekündigt. Wie lange kann man sich mit diesem Thema beschäftigen? Sogar der Holocaust selbst hat nur sechs Jahre gedauert.

Meine Eltern sind fromm. Sagen wir religiös, aber nicht ultraorthodox. Ich bin eine moderne, gemäßigt orthodoxe Jüdin. Sie sind frommer als ich. Ich kann sagen, dass ich eine normale Kindheit hatte. Sogar eine fröhliche, obwohl ich selbst kein fröhlicher Mensch bin. Meine Eltern haben alles getan, was sie konnten, um uns ein liebevolles Zuhause zu geben.

Bevor ich weiter von meiner Kindheit rede, möchte ich erklären, wie es um meine Religiosität bestellt ist. Als ich jung war, war ich frommer als jetzt. Ich war konventioneller. Aber ich habe nicht an Gott geglaubt. Ich richtete mich nach allen 613 Geboten. Ich habe mich züchtig gekleidet, meine Knie bedeckt. Ich habe alles praktiziert, aber über Gott wurde bei uns zu Hause kein Wort verloren. Es ging immer nur um die Pflichten, nicht um den Glauben. Heute beachte ich die vielen Gebote nicht mehr, die ich als fromme Frau beachten sollte, und ich tue Dinge, die ich nicht tun sollte. Trotzdem bin ich ein gläubiger Mensch, viel gläubiger als früher. Ich interessiere mich jetzt für Gott und für den Glauben, aber als ich frommer war, juckte es mich nicht, entschuldige, aber es interessierte mich nicht die Bohne, ich habe es nicht verstanden, ich sprach diese Sprache nicht. Das hatte mit meinen Eltern zu tun. Obwohl sie richtig fromm waren, bin ich nicht überzeugt, dass sie an Gott glaubten. Ich lebte in Bnei Brak, einer ultraorthodoxen Stadt. Doch Tel Aviv hat mich immer fasziniert. Ich fuhr nach Tel Aviv, und spätabends im Taxi, auf dem Weg nach Hause, begann ich langsam darüber nachzudenken, was wirklich wichtig ist. Einige der Gebote kamen mir dumm vor und nicht besonders wichtig. Ich hörte auf, sie zu befolgen. Ich habe nie gesagt, dass ich nicht mehr fromm bin. Ich betrachte mich als fromme Frau. Aber entspannter. Ich bin entspannt religiös.

Mein zweites Buch ist meiner Kindheit in Bnei Brak gewidmet. Es handelt von der Forderung, sittsam zu sein. Sich sittsam zu kleiden wie ein bescheidenes und ehrenhaftes Mädchen. Ständig wird von einem verlangt, ein braves Mädchen zu sein. Mir war das zu viel. Sie verlangten, dass ich immer das Richtige tat, dass ich bestimmte Sachen anzog, aber sie verschwendeten keinen Gedanken an meine Seele. Es ging immer nur um die Gebote, und das Wichtigste war, sittsam zu sein. Ich erinnere mich, wie die Frauen auf der Straße reagierten, als ich anfing, weiblicher auszusehen. Nicht die Männer, die spuckten nur auf den Boden, wenn sie mich nicht züchtig genug angezogen fanden, aber sie sagten kein Wort. Die Frauen hingegen schauten mich schief an und sagten: »Wie läufst du denn rum, du musst dich bemühen, sittsamer zu sein.« Besonders, wenn ich allein auf der Straße war. Wenn ich mit anderen Mädchen von der Schule auf der Straße ging, sagten sie nichts. Sie warten darauf, dass du allein auftauchst.

Meines Erachtens sind die Orthodoxen zu einer Sekte geworden. Es ist so anders als das, was in der Tora steht. Deshalb sollte ich in Bnei Brak ein braves Mädchen sein, mich züchtig anziehen und keine roten Kleider tragen. Ich bin einmal mit einer Freundin spazieren gegangen, wir verstanden uns gut. Und eine dieser ultraorthodoxen Frauen – sie sind so blass und sehen aus, als wäre jegliches Leben aus ihrem Körper gewichen, ich nenne sie insgeheim »Keuscheitsvampire« – ist uns begegnet. Wir alberten herum, und ich trug ein rotes Kleid. Diese Frau sagte: »Du hast ein rotes

Kleid an. Weißt du, wer Rot trägt? Die Töchter der Gojim (also der Nicht-Juden) tragen Rot.« Meine Freundin antwortete: »Und sie frühstücken auch. Na und? Nicht alles, was die christlichen Mädchen machen, ist schlecht.«

In der Schule haben sie uns Märchen erzählt, so wie bei euch Grimms Märchen. Die keuschen Märchen. Es endet immer damit, dass das Mädchen sittsam sein muss. Es gab auch eine berühmte Geschichte von einem jüdischen Mädchen, das von den Gojim bestraft wurde. Man hat sie dazu verurteilt, von wilden Pferden zu Tode geschleift zu werden. Und woran dachte das brave jüdische Mädchen? Das Einzige, woran sie dachte, war, dass ihr Rock nicht hochrutschen durfte. Und was machte dieses wirklich sehr brave jüdische Mädchen? Es nahm eine Metallnadel und steckte sich damit den Rock am Bein fest, damit er, wenn die Pferde sie schleiften, nicht hochrutschen konnte. Diese Geschichte hat sich mir fest eingeprägt.

Das sind die Geschichten meiner Kindheit. Mein zweites Buch handelte von den dreiundneunzig Mädchen. Man erzählte uns eine Geschichte, die vermutlich nicht stimmte, aber bis zu meinem achtzehnten Lebensjahr glaubte ich fest daran, dass sie wahr war. Es ging um dreiundneunzig Mädchen aus Krakau, die die Nazis zu Huren machen wollten. Alle dreiundneunzig Mädchen schluckten Tabletten und starben. Es gibt in Israel fünf Straßen, die nach diesen Mädchen benannt sind, die Dreiundneunziger-Straßen (Hatish'im VeShalosch). Mit dieser Geschichte hat es eine verrückte Bewandtnis. 1943 tauchte ein Brief auf, in dem stand, dass diese dreiundneunzig Mädchen zu Nazi-Huren gemacht werden sollten und dass sie sich alle umbringen würden. Sie baten, man solle für ihre Seelen beten. Der Brief stammte von einer gewissen Chaya Feldmann. Er erschien 1943 in der New York Times. Die jüdische Welt spielte verrückt. Man fing an, Straßen nach ihnen zu benennen, und in Bnei Brak gibt es sogar einen Park dieses Namens. Zum ersten Mal hörte ich von den Mädchen, als ich fünf Jahre alt war: »Pass gut auf, was sie getan haben.« Erst nach dem Holocaust fand jemand heraus, dass diese Geschichte erfunden war. Die Straßennamen gibt es aber immer noch. Es gibt so viele falsche

Geschichten. Lügen, Dinge, die nie geschehen sind, Märchen. Welche Geschichten bleiben? Die Geschichten, die nicht erfunden sind, Geschichten, die alle anderen Geschichten übertreffen? Für mich waren die Geschichten plausibel, sie hätten passieren können. Ich habe dir die Geschichte erzählt, mit der ich groß geworden bin, sie war für mich völlig plausibel. Diese Mädchen hätte es wirklich geben können. Und selbst wenn nicht, wen hätte es interessiert? Es war eine gute, pädagogische Erzählung. Sogar in Tel Aviv gibt es eine Hatish'im-VeShalosch-Straße. Nachdem ich das Buch über diese Geschichte geschrieben hatte, war ich entsetzt, weil die Leute alle geglaubt hatten, dass die Geschichte stimmt. Es war erfunden, nicht Wirklichkeit.

Noch einmal: als Kind sollst du ein braves Mädchen sein. Ich wollte ein braves Mädchen sein. Und als ich erwachsen wurde, begehrte ich dagegen auf und wollte kein braves Mädchen mehr sein. Sogar jetzt, wenn ich manchmal nach Bnei Brak gehe und die Menschen starren mich so an … aber das stimmt nicht ganz, tief im Herzen möchte man doch ein braves Mädchen sein, was auch immer für wilde Sachen man tut, wenn man erwachsen ist. In meinem Herzen ist immer das Mädchen, das sauber, gut, ehrlich und bescheiden sein wollte. – Diese kleinen, bösen Geschichten trage ich immer noch im Herzen.

Nur eine Stadt

Samuel Maoz

Vor zwei Jahren gab es einen Zeitungsartikel. Der Artikel erschien nicht auf der ersten Seite, sondern irgendwo in der Zeitungsmitte. Darin stand, dass ein Israeli im Durchschnitt 145 % seiner eigentlichen Stromrechnung bezahle, weil wir den Strom für Gaza mitbezahlen müssten. Die Aufregung über diesen Artikel war größer als jede humanistische Argumentation. Meiner Meinung nach zählt, wenn man Frieden will, nur das

Ergebnis. Niemand erwartet, dass sich einen Tag nach einem Friedensabkommen alle umarmen und Brüder werden. Man braucht sich nur Ägypten anzuschauen: Es funktioniert. Es funktioniert schon seit fast dreißig Jahren. Deshalb erwähne ich, wenn ich mit Menschen über einen Friedensvertrag diskutiere, die humanistischen Gründe nicht, weil ich weiß, dass sie von diesem Moment an zumachen.

Ich begreife einfach nicht, wie es sein kann, dass der rechte Flügel in Israel so stark ist und von so vielen armen Menschen unterstützt wird. Von Arbeitern. Die meisten von ihnen wählen rechts. Und ich sage mir, das ist gegen jede Vernunft. Die Armen der Welt wählen links, weil sie sich ein besseres Leben wünschen. Ich frage mich: Wie ist das mit jemandem, der schwer arbeitet, drei, vier oder fünf Kinder hat, die er kaum ernähren kann? Ich versuche es zu verstehen. Sagt er sich: »Es ist gut, dass ich kein Geld habe, dass meine Kinder keine gute Erziehung genießen, dass sie dumm bleiben und keine guten Arbeitsstellen bekommen, wo sie viel Geld verdienen, weil ich sie kaum ernähren und sie nicht auf gute Schulen schicken kann; es ist gut, dass meine Kinder später so schwer arbeiten werden wie ich – Hauptsache ist, die Araber zu drangsalieren?« Ist das ihre Logik? Für mich als Vater sind die Kinder wichtiger als alles andere. Sie sind wichtiger als Ideologien. Und sie sagen: »Lieber opfern wir die Zukunft unserer Kinder, Hauptsache, die Araber werden gepeinigt.« Das wundert mich, denn nachdem ich einige Interviews im Fernsehen gesehen hatte, wurde mir klar, dass viele die Sache verstehen. Sie sind nicht dumm, sie sind durchaus fähig, die Zusammenhänge zu erkennen. Sie wissen, dass der Frieden die ökonomische Situation für alle verbessern würde. Ich hatte gedacht, man müsse vielleicht mit den Menschen reden und es ihnen erklären. Aber nein! Sie verstehen den Sachverhalt. Doch es ist irgendwie gegen ihren Instinkt. Er ist stärker als ihr väterlicher oder mütterlicher Instinkt. Und wenn man mit ihnen diskutieren will, dann sagen sie: »Ja, okay, aber die Araber wollen uns ins Meer werfen.« Das sind Märchen, so ist es doch nicht mehr. Vielleicht konnte man das vor sechzig Jahren behaupten. Jetzt greift unsere Luftwaffe Syrien an, und sie sagen nichts. Wer soll uns also ins Meer werfen? Wir sind jetzt stark. Wir haben eine Armee – ich spreche nicht von Qualität, sondern von Quantität –, und wenn man die Flugzeuge zusammenzählt, haben wir ebenso viele wie die NATO. Wir haben Nuklearwaffen. Niemand wirft uns mehr ins Meer. Das schafft keiner. Es wird Zeit, an uns zu denken. Nicht an das Heilige Land, an Jerusalem. Der Likud sagt üblicherweise über seine Gegner: »Rabin (als Beispiel) wird Jerusalem teilen.« Dann sollen sie doch, verdammt noch mal, Jerusalem teilen. Es ist nur eine Stadt.

Ich glaube, Netanjahu will in die Geschichtsbücher eingehen. Es spielt keine Rolle, ob es mit der Bombardierung Irans oder mit dem Friedensnobelpreis sein wird. Und bestimmt ist er nicht der Extremste in seiner Partei. Ich hoffe, er hat endlich den Mut, etwas zu unternehmen. Letztlich wäre es für unser Land das Beste, wenn der rechte Flügel ein Friedensabkommen schließen würde. Wie Begin es mit Ägypten gemacht hat. Es ist irgendwie besser, wenn die Rechten das Friedensabkommen schließen, das beruhigt die Stimmung unter den Israelis. Das Ergebnis der letzten Wahlen war 50% rechts, 50% links. Aber meiner Ansicht nach ist das mehr als nur halb und halb. Ich glaube, dass die Menschen den Krieg, der schon fünfzig Jahre andauert, endlich beenden wollen. Sie wollen, dass das Palästina-Problem gelöst wird. Die Religiösen und die Rechten haben eine gewisse Disziplin. Ihre Rabbiner sagen ihnen, sie sollen zur Wahl gehen. Das Problem ist, dass die Menschen müde sind. Und sie sind verzweifelt. Sie sagen sich: »Dann sorge ich eben nur noch für mich, meine Kinder, meine Familie. Vielleicht kaufe ich eine Wohnung in Berlin, die kann ich vermieten und im Notfall selbst bewohnen.«

Ahmad Tibi[1] war wütend darüber, dass die Araber in Israel nicht zur Wahlurne gingen. Das ist ein Problem der Araber. Sie sehen nicht das Gesamtbild. Die Menschen reden über Details. Aber man muss das Gesamtbild sehen, um zu verstehen, wo das Hauptinteresse liegt, und was das weitere Interesse ist. Was hilft es, wenn man protestiert und dann doch wieder vier Jahre lang in einer beschissenen Situation steckt? Dann macht man eben wieder einen Film wie *Five broken Cameras*?[2] Aber es ist natürlich nicht nur ihr Problem, es ist auch das der Juden.

Die Menschen aus dem linken Flügel gehen nicht wählen, weil sie verzweifelt sind. Eine Überschrift in einer großen amerikanischen Zeitung vor der Wahl 2013 lautete »King Bibi«.[3] Er ist der König. In meiner Facebook-Community, eher linke Schriftsteller und Künstler, kam es zu einer heftigen Debatte. Es gab Diskussionen, weil manche sagten, sie würden DAAM[4] oder eine andere Arbeiterpartei wählen, nämlich »Erez Hadascha« – »Neues Land«, deren Programm dem von DAAM sehr ähnlich sei. Ich habe zu vielen Freunden gesagt, dass jetzt nicht die Zeit sei, der Stimme des Herzens zu folgen. Diesmal müsse man mit dem Kopf entscheiden. Viele sind der Meinung, dass Bibi sowieso gewinnen wird, also könne man genauso gut nach dem Herzen wählen. Ich gehöre zu denen, die nein sagen. Ich akzeptiere das Programm von DAAM, werde die Partei aber trotzdem nicht wählen, weil meine Stimme dann verloren ist. Wenn unsere Probleme so wären wie in Berlin, wo man sich streitet, ob es noch eine zusätzliche Mülltonne für Plastik geben soll, oder über Fahrradwege oder ob man Espresso oder Filterkaffee trinken soll, dann kann man nach Herzenslust wählen. Ich spreche sogar mit Menschen, die Kinder haben. Ich erkläre ihnen, dass es, wenn man Kinder hat, unverantwortlich ist, seine Stimme zu verschenken. Ich kann die Leute nicht verstehen. Es geht doch um die Zukunft der Kinder.

Nun, nach der Wahl sind wir ein bisschen erleichtert. Man hat einen starken Rechtsruck erwartet, also bedeutete das Ergebnis eine gewisse Erleichterung. Aber das kann man jetzt vergessen, wir werden ein Land wie Südafrika sein, und wenn die Menschen sagen, bis zu einem faschistischen Land ist es noch ein langer Weg, dann sage ich, nein, der Weg dahin ist nicht lang. Das passiert ganz plötzlich. Man wacht morgens auf, und es ist passiert. Die ersten Menschen, die es ausbaden müssen, sind übrigens diejenigen, die rechts gewählt haben. Weil sie keine Optionen haben. Sie stecken tief in ihren Problemen.

Übrigens, mir ist gerade Joseph Trumpeldor eingefallen, der Held, der immer sagte, es sei gut, für unser Land zu sterben. Diesen Satz kennen wir seit dem Kindergarten, und er wurde ständig wiederholt, wie ein Mantra. Als wir Englisch lernten, kam der Lehrer in die Klasse und sagte uns diesen Spruch auf Englisch. Wir sagten dann: »It is good to die for our country!« Und dann sagte der Lehrer: »Und jetzt im Futur!« Alle sagten: »It will be good to die for our country!« Das war die Lage in den siebziger Jahren.

Die Diskussionen sind beschissen. Es ist, als würde man in Israel sagen: »Hör zu, die ganze Welt ist gegen uns. Wir können nicht die ganze Welt ignorieren.« Dann bekommt man zur Antwort: »In Syrien werden jeden Tag Kinder umgebracht, und die Welt sagt kein Wort dazu. Und in Israel bauen zwei Leute zwei Zelte[5] auf, und die ganze Welt ist in Aufruhr. Warum sagst du mir das alles?« Meiner Meinung nach ist das ein Kompliment: Die Welt erwartet von uns etwas, was sie von den Syrern nicht erwartet. Die Welt hält uns für humanistischer als die Syrer. Das wäre, als würde jemand sagen: »Wenn ein anderer mordet, dann habe auch ich die Lizenz zum Töten.« Das Ziel ist doch, sich zu verbessern. Mehr zu erreichen. Das ist doch ein Kindergartenargument. Wenn er mich haut, haue ich zurück. Aber das ist ein trügerischer Streit. Es ist erstaunlich, denn das israelische Kino ist unser bester kultureller Botschafter in den letzten sechs, sieben Jahren. Eigentlich sollte man denken, dass sie diesen Erfolg unterstützen werden und mehr Geld dafür bereitstellen. Aber nein, das Gegenteil ist der Fall. Unser Kultusminister spricht über ein zionistisches Kino. Hast du jemals von zionistischem Kino gehört? Sie wollen lieber die Zuschüsse kontrollieren und nicht an linke Filmemacher aus Tel Aviv geben.

1 Israelisches Mitglied der Knesset von der Partei Ta'al (Arabische Bewegung für Erneuerung) und ehemaliger Berater von Yasser Arafat.

2 Dokumentarfilm von Emad Burnat und Guy Davidi, der die Protestbewegung im Westjordanland thematisiert.

3 »Bibi« – Spitzname Benjamin Netanjahus, der von Freunden und Gegnern benutzt wird.

4 DAAM wurde 1995 von arabischen und jüdischen Sozialisten gegründet. Die Partei tritt für die Auflösung der jüdischen Siedlungen im Westjordanland und die Gründung eines palästinensischen Staates in den Grenzen von 1967 ein.

5 Im Juni 2011 begannen Proteste für mehr soziale Gerechtigkeit. Tausende junger Israelis campierten über Monate hinweg in Zelten auf dem Rothschild Boulevard in Tel Aviv und im ganzen Land.

Dies ist mein Land

Mohammad Bakri

Dies ist mein Land. Ich bin hier geboren worden. Aber die israelischen Behörden behaupten, dieses Land sei für die Juden bestimmt. Leider bin ich kein Jude. Aber dies ist mein Land. Sie können sagen, was sie wollen, dieses Gefühl können sie mir nicht wegnehmen. Dies ist mein Land! Viele Israelis träumen davon, morgens aufzuwachen und Mohammad Bakri nicht mehr hier zu sehen. Das ist ihr größter Traum. Ich werde hier sein! Sie irren sich! Ich bleibe hier!

Das Gefühl, benachteiligt zu sein, hat mich dazu gebracht, Fragen zu stellen, die ich nicht gestellt hätte, wenn ich so wäre wie die anderen. Ich bin anders als die anderen. Ich gehöre einer Minderheit an, ich bin Palästinenser, ich lebe in einem Land, das mein Land ist, aber das Land will mich nicht haben, weil es ein jüdisches Land ist. Bis Ende der siebziger Jahre war es in Israel verboten, das Wort Palästinenser zu benutzen, das war gegen das Gesetz. Wenn man sagt, man ist Palästinenser, bekommen die anderen Angst, denn du bist der Feind. Palästinenser sind Feinde der Israelis. Wegen des Palästina-Israel-Konflikts, der nach der palästinensischen Katastrophe von 1948 entstanden ist. Die Probleme der Identität, der Zugehörigkeit, der Bedeutung des Landes, der Bedeutung meiner Beziehungen zu Israelis haben in meiner frühesten Kindheit begonnen. Seit damals, meine Jugendzeit hindurch bis heute, gab es ständig Kriege. Fast alle zehn Jahre entflammt wieder ein Krieg zwischen Israelis und Palästinensern, zwischen Israelis und Arabern. Und ich war in der Mitte. Es ist, als würde man an einem Platz stehen, der von beiden Seiten beschossen wird, und man selbst befindet sich mittendrin. Das ist das Gefühl, das ich habe.

Boykott gegen Heidelberg

Israel Har'el

Sowohl bei den Rechten als auch bei den Linken findet man Menschen, die sich Illusionen hingeben. Wenn es im rechten Flügel passiert, bei den Orthodoxen, kann ich es eher verstehen, denn sie glauben an Gott. Linke Intellektuelle haben daran geglaubt, dass das Oslo-Abkommen Frieden bringen würde. Aber es hat mehr als zehntausend Tote für Israel gebracht, und auf der arabischen Seite vielleicht noch mehr, und nur, weil sich die Leute blenden ließen. Sie haben sich Illusionen gemacht, und das konnte nicht gutgehen. Mit den Palästinensern ist die Situation anders als mit einer Minderheit in Deutschland, Frankreich oder Polen. Dort kann man sich einer Volksgruppe zugehörig fühlen und trotzdem ein loyaler Staatsbürger sein. Hier geht das grundsätzlich nicht, weil unsere arabischen und palästinensischen Nachbarn das Existenzrecht Israels negieren. Die gesamte islamische Welt spricht Israel das Existenzrecht ab. Das führt zu einem Konflikt. Man kann nicht für die Feinde des eigenen Volkes Partei ergreifen.

Man sagt mir immer, ich solle nicht alle Politiker über einen Kamm scheren. Da war zum Beispiel der arabische Abgeordnete der Knesset, der sich gegen die israelischen Soldaten wandte, die das Schiff Mavi Marmara[1] angegriffen haben. Man muss zwischen den Politikern differenzieren, sie scheinen in einem Wettbewerb darüber zu stehen, wer sich extremer gibt. Sie sind nach Syrien gegangen, um sich mit Assad zu verbünden, sie saßen in der ersten Reihe mit den Anführern der Hisbollah, die Israel vernichten wollen, oder mit Leuten der Hamas. Das ist doch nicht normal. Das ist doch geistesgestört. Wenn du gewählt werden willst, musst du die Sprache der Menschen sprechen, von denen du gewählt werden willst, und wenn du dich so extrem verhältst und dich mit Nasrallah, dem Anführer der Hamas, verbündest, dann ist doch klar, dass deine Wähler zu denen gehören, die die Bombardierung israelischer Städte befürworten. Das ist nicht irgendeine Theorie, das wird tagtäglich praktiziert. Weißt du was? Manchmal habe ich Mitleid mit den Arabern in Israel, wegen dieses Konflikts. Es ist allerdings kein realer Konflikt, denn wenn es einer wäre, hätte ich noch ein bisschen Hoffnung. Aber es ist unmöglich, sie haben Stellung bezogen.

Manche Menschen sagen, der Iran sei ganz anders, die Strukturen der Nation seien andere. Ich kenne den Iran nicht, aber dort steht die Großfamilie an erster Stelle, und sie sind der Großfamilie gegenüber loyal. Die Großfamilie ist ihrerseits anderen Instanzen gegenüber loyal, es ist wie eine große Familie. In einer Familie ist man verpflichtet, loyal zu sein, auch wenn man politisch anderer Meinung ist. Man kann aber nicht sagen, die Politiker sind extrem und der Mann von der Straße ist es nicht. Auch von den Intellektuellen kann man das nicht sagen, sie sind manchmal noch extremer als die Politiker, falls das überhaupt möglich ist. Erst studieren sie, dann unterrichten sie an den Universitäten und machen in der ganzen Welt Propaganda gegen Israel und rufen zum Boykott Israels auf. Sie unterrichten und rufen zugleich dazu auf, die Universität zu boykottieren. So was kann wirklich nur in Israel passieren. Wir müssen das einfach schlucken. In Deutschland haben sie uns Rassisten genannt – aber kannst du dir vorstellen, dass jemand, der gegen die Universität Heidelberg Propaganda macht, dort weiterhin unterrichten dürfte? Würdest du an einem Institut arbeiten und es gleichzeitig boykottieren? So etwas passiert nur in Israel.

1 Am 31. Mai 2010 wurde das Schiff Mavi Marmara, beladen mit Hilfsgütern für den Gazastreifen, von der israelischen Marine in internationalen Gewässern aufgebracht. Mehrere Menschen starben bei der Aktion.

Schritt nach vorn

Yaron Herman

Ich bin halb aus Weißrussland, aus dem litauischen Teil, und halb aus der Tschechischen Republik. Viele Mitglieder der Familien meiner Großeltern fielen dem Naziterror zum Opfer. Meine Großeltern kamen aus sehr einfachen Verhältnissen. Sie waren Metzger und Bauern. Sie kamen mit siebzehn Jahren hier an, ohne Gepäck, ohne Kleidungsstücke, und begannen ein neues Leben aus dem Nichts. Sie pflanzten Gemüse, mein Vater hatte Hühner. Als Junge musste er die Kühe melken, wie gesagt, sie waren sehr einfache Menschen. Mit was sie alles zu tun hatten … Aber sie mussten weiterziehen. Ich nehme an, dass das der Geist des Landes ist, denn wenn man für eine Sekunde innehält, wenn man nicht ständig weitergeht, wenn man sagt, jetzt machen wir Pause und schauen, was passiert, dann steigt man aus, dann ist es, als würde man sagen: »Gut, ich spiele dieses Spiel nicht weiter mit! Leckt mich alle am Arsch.«

Israel ist ein kleines Land, eigentlich könnte man erwarten, dass es zu einem Schmelztiegel wird. Dafür ist die Armee gut geeignet, denn da muss man auf die Menschen zugehen. Wenn es die Armee nicht gäbe, würde das Land auseinanderfallen. Deshalb ist das ein so wichtiges Thema. Ich habe zum Beispiel keinen Kontakt zu religiösen Menschen, zu den Orthodoxen. Ganz zu schweigen vom israelisch-arabischen Konflikt innerhalb des Landes … Es ist, als wäre meine Welt so oder so, und es soll ja keiner kommen und alles durcheinanderbringen. Mit den Ultraorthodoxen und den Hilltop-Gangs verbindet mich nichts. Ich möchte ihnen nie im Leben begegnen. Wenn ich manchmal nach Israel fahre, sehe ich, was los ist, was die Politiker von sich geben, die ganze Art des politischen Diskurses, im Prinzip immer gleich, dann denke ich: »Mein Gott, das ist mein Land«, und dann bin ich froh, dass ich das nicht jeden Tag schon gleich nach dem Aufstehen hören muss. Das ist deprimierend. Niemand ist bereit, einen Schritt nach vorn zu machen.

Flüchtlingslager

Tomer Gardi

Für mich hat die Erinnerung an den Libanonkrieg von 1982 nichts Furchtbares. Ich war noch sehr jung und begriff nicht, was Gefahr bedeutete. Ich fand alles aufregend. Aber ich habe Erinnerungen an die Raketen, wahrscheinlich aus der Zeit vor dem Krieg. Ich erinnere mich an die Sirenen und an einen Lautsprecher, der uns in den Luftschutzkeller schickte, an die Eltern, die mich abholten und mir sagten, dass wir in den Luftschutzkeller müssten. Es hat mir da unten Spaß gemacht, mit den anderen Kindern, außerdem mussten wir nicht zur Schule gehen, es war aufregend. Ich erinnere mich noch, wie die Armee vorbeizog, an die Raketen, aber ich kann mich nicht erinnern, Angst gehabt zu haben. Es gab aber etwas, das relevant sein könnte. Viele von meinen Kindheitserinnerungen kamen, als ich mein Buch[1] geschrieben habe. Ich kehrte zu dem Ort zurück, an dem ich aufgewachsen bin, sah ihn nun aber mit den Augen eines Erwachsenen. Was den Libanonkrieg und den Raketenbeschuss vor dem Krieg betrifft: Ich weiß noch, dass ich meine Eltern fragte: »Wer schießt da auf uns? Was soll das?« Ich verstand es nicht. Meine Eltern sagten: »Es kommt vom Flüchtlingslager.« Wahrscheinlich wusste ich nicht, was ein Flüchtlingslager war. Aber die Antwort stellte mich zufrieden, ich fragte nicht weiter, was ein Flüchtlingslager war und vor wem diese Menschen geflüchtet waren. Als der Beschuss vorbei war, wurden diese Flüchtlingslager nie mehr erwähnt.

Erst als ich mit dem Schreiben begann, sprach ich meine Eltern darauf an. Ich brauchte viele, viele Jahre, um zu begreifen, dass es tatsächlich Flüchtlinge gegeben hatte, und ich finde es überraschend und sehr seltsam, dass mir erst in Berlin die Problematik der palästinensischen Flüchtlinge bewusst wurde. Es ist deshalb überraschend, weil ich schon zweiunddreißig war, als ich nach Berlin ging, ich hatte schon einen B. A. von der Universität, ich war also gebildet und politisch engagiert. Es war, nachdem ich ein ganzes Jahr für »B'tselem«[2] gearbeitet hatte, eine der größten und ältesten Menschenrechtsorganisationen Israels. Und davor hatte ich fast ein

Jahr lang für eine palästinensische Menschenrechtsorganisation in Ost-Jerusalem gearbeitet, ich war also nicht unerfahren oder ungebildet. Und doch hatte ich diese Tatsachen einfach nicht auf dem Schirm. Irgendwie war für mich die Frage von Palästina und Israel etwas, das mit der Westbank und dem Gazastreifen zu tun hatte. So sah ich es. Aus finanziellen Gründen sind wir in Berlin in den Stadtteil Neukölln gezogen. Das war 2003, noch bevor Neukölln so beliebt wurde. Wir fanden eine Wohnung in einer Straße unweit der Sonnenallee. Ich erinnere mich, dass ich in den Straßen spazieren gegangen bin, ich betrachtete die Schaufenster und sah darin oft eine Landkarte Israels, aber sie hatte die Farben der palästinensischen Flagge. Und ich dachte, verdammt; ich wusste nicht, dass es in der Welt Menschen gibt, die so denken. Ich hatte keine Ahnung. Okay, ich habe das Geschehen in der Westbank beobachtet, ich war dort und in Gaza aktiv, ich habe während der zweiten Intifada für Menschenrechtsorganisationen gearbeitet, ich war sozusagen hardcoremäßig im Geschäft. Aber als ich die Karte mit der palästinensischen Flagge sah, war ich geschockt. Ich hatte nicht gewusst, dass es in dieser Welt Menschen gab, die die Welt so sahen. Ich fing an, mich umzuhören. Ich bin neugierig, und die Neugierde macht mich normalerweise mutig. Ich suchte Kontakt zu palästinensischen Flüchtlingen in Berlin und traf mich mit einigen von ihnen. Manche waren bereit, mit mir zu sprechen, die meisten lehnten es ab. Meine Diplomarbeit behandelte die Lebensgeschichten von palästinensischen Flüchtlingen in Berlin. Es sind zwei ausführliche Interviews. In einer anderen Zeit hätten sie vielleicht meine Nachbarn im Kibbuz sein können. Beide sind in Lagern geboren und nach Berlin geflüchtet. Sie waren Teil der Flüchtlingswelle nach dem Libanonkrieg.

1 *Steine, Papier. Eine Spurensuche in Galiläa*, Rotpunktverlag, 2013

2 Eine Nichtregierungsorganisation, die sich zur Aufgabe gemacht hat, Menschenrechtsverletzungen in den besetzten Gebieten nachzuweisen und die israelische Öffentlichkeit darüber zu informieren.

Public Enemy

Tamer Nafar

Ich wuchs im Haus meiner Großmutter in Lod auf. Heute ist dort der Ben-Gurion-Flughafen. Damals hatte ich keinen Kontakt zur Außenwelt, denn ich hatte neun Onkel und sechs Tanten und entsprechend viele Cousins, wie man sich vorstellen kann. Wir spielten im Haus unserer Großmutter. Wir hatten noch nicht einmal Kontakt zu anderen Arabern außerhalb der Familie. Bis zum Alter von fünf oder sechs Jahren kann ich mich an niemanden außerhalb der Familie erinnern.

Als ich sechs Jahre alt war, kaufte mein Vater ein Haus in einer Gegend, die überwiegend von Juden bewohnt war. Das Haus war für die damaligen Verhältnisse eines der besten in diesem Viertel, das als gutes Viertel galt. Die Stadtverwaltung kümmerte sich nur um die jüdischen Viertel. Meinem Vater gelang es, dieses Haus zu kaufen. Als ich älter wurde, zogen immer mehr Araber in das Viertel, und die Regierung investierte nicht mehr in die Infrastruktur, und heute ist dort das größte Drogenviertel im Nahen Osten. So ist es heute. Damals hatten wir jedoch jüdische Nachbarn. Ich erinnere mich an zwei Kinder, an Shai und Yoni, sie waren ungefähr in meinem Alter, sechs Jahre, vielleicht waren sie auch ein oder zwei Jahre jünger. Wir haben viel zusammen unternommen. Ich weiß noch, dass wir uns gegenseitig besuchten und dass wir gemeinsam grillten. Einmal hat man uns dabei erwischt, dass wir uns gegenseitig die Haare schnitten. Ich weiß auch noch, wie Yonis Vater während der ersten Intifada eines Tages nach Hause kam und eine Uniform trug. Mein Bruder und ich hatten im Fernsehen gesehen, wie Männer, die diese Uniformen trugen, Araber töteten. Als Yonis Vater kam, wollte mein Vater ihn rufen, er wollte einen Scherz machen und bewarf ihn durchs Fenster mit etwas aus Plastik. Es war nur als Witz gemeint. Mein jüngerer Bruder drehte durch, er dachte, wenn mein Vater, ein Araber, etwas auf einen jüdischen Soldaten warf, würde er erschossen, wie wir es im Fernsehen gesehen hatten. Das ist meine erste Erinnerung an den Konflikt. Der Nachbar, mit dem wir gegrillt hatten und der plötzlich verschwand. Ich hatte keine Ahnung, was er in der Armee tat. Ich wusste auch nicht, was Palästina war. Ich erinnere mich nur daran, weil mein Bruder anfing zu schreien und an meinem Vater zu zerren. »Nein, nein. Er wird uns erschießen, er wird uns erschießen.«

Yoni habe ich vor etwa fünf Jahren im Bus getroffen. Er kam auf mich zu und sagte: »Tamer, wie geht's dir?« Ich dachte, verdammt, er sieht wie ein Siedler aus. Was will er von mir? »Kannst du dich nicht an mich erinnern? Ich habe dich großgezogen. Ich bin Yoni.« Ich sagte: »Wieso, verdammt noch mal, hast du mich großgezogen? Du bist doch zwei oder drei Jahre jünger als ich.« Er sagte: »Klar, wir hatten aber eine gemeinsame Kindheit.« Ich sagte: »Ich habe gehört, du seist weggegangen.« Er sagte: »Ja. Aber jetzt bin ich zurück.« »Cool, und was treibst du so?«, fragte ich. Er antwortete: »Ich arbeite mit Garin Torani[1]. Das sind Siedler, die daran glauben, dass man nicht nur in der Westbank investieren sollte. Man sollte auch nach Lod gehen, weil Lod eine demographische Bombe ist. Die Araber bekommen mehr Kinder als die Juden. Sie schauen in die Zukunft und sagen, in zehn oder fünfzehn Jahren wird es hier mehr Araber als Juden geben. Wie der Titel vom Album der Gruppe Public Enemy: ›Fear of a Black Planet‹. Sie fürchten sich vor einem arabischen Planeten. Also holen sie die Siedler und verkaufen ihnen preiswerte Häuser.«

In diesem Bus also sagte er: »Jetzt habe ich ein politisches Bewusstsein.« Und ich sagte: »Warum gibst du mir dann die Hand? Fick dich!« Sie sind überzeugt, dass Lod den Juden gehört, und sie stecken Geld in einen Plan, dessen Ziel es ist, Lod von Arabern zu säubern und den Juden zurückzugeben. Dieser Mann arbeitet mit jenen Leuten zusammen, und er begrüßt mich, spricht mit mir, sagt: »Erinnerst du dich an mich? Wir waren früher Freunde.«

1 Eine Einheit speziell für religiöse Menschen, die dort eine Art Zivildienst vor dem eigentlichen Armeedienst leisten.

Mahnmale für den Tod

Etgar Keret

Während der zweiten Intifada gab es in dieser Gegend viele Selbstmordattentate. Wenn du die Dizengoff-Straße und den Ben-Gurion-Boulevard entlanggehst, siehst du alle paar Hundert Meter ein Mahnmal. Ich weiß nicht, ob sie dir aufgefallen sind, sie sind sehr klein, man beachtet sie kaum, normalerweise sind sie wie ein kleiner Baum, oder es ist eine Plakette in den Bürgersteig eingelassen, auf der steht, wie viele Menschen starben und wann. Eine derartige Plakette ist an der Ecke des Ben-Gurion-Boulevards und der Reine-Straße, an der viele Kinder auf dem Weg zu einem Spielplatz vorbeikommen. Am Anfang des Jahrhunderts lernte die Tochter meiner Nachbarn Fahrrad fahren. Ein paar Wochen später stieß sie gegen ein niedriges Mahnmal, stürzte und brach sich die Hand, die eingegipst wurde. Ich sprach mit ihrem Vater, und er sagte: »Weißt du was? Manchmal denke ich, dass diese Stadt zu gefährlich ist für Kinder. An jeder Ecke gibt es Mahnmale für die Toten. Du fühlst dich nicht sicher, wenn dein Kind in dieser Stadt Fahrrad fährt.« Er meinte es wirklich so. Und ich dachte: Es gibt so viele Realitäten, man versieht sie mit Symbolen, damit man sie versteht, und diese Symbole werden zu neuen Realitäten, sie werden ein Ärgernis. Es ist nicht das Palästina-Problem, es sind nicht die Bomben, die eigentliche Gefahr sind die Symbole, die Mahnmale zur Erinnerung an den Tod.

Good Morning Israel

Mohammad Ali Taha

Vor sieben Jahren bekam ich einen Anruf vom israelischen Fernsehen. Sie wollten mich für die Sendung »Good Morning Israel« interviewen, morgens um sieben Uhr. Deshalb sollte das Taxi um fünf Uhr morgens hier ankommen, um mich pünktlich in Tel Aviv abzusetzen. Ich sagte zu. Das Taxi kam bis zum Eingang unseres Dorfs, und der Taxifahrer rief mich an. Er sagte: »Ich bin auf der Hauptstraße außerhalb des Dorfs, und ich soll Sie zum TV-Sender in Tel Aviv abholen. Können Sie hierher kommen?« »Nein«, sagte ich, »Sie müssen zu mir kommen, bis zu meinem Haus.« Er sagte: »Denken Sie etwa, ich bin lebensmüde und fahre in ein arabisches Dorf?« Ich hörte die Angst in seiner Stimme. Die Gesellschaft hat ihm Angst und Paranoia eingetrichtert, und das, was die Juden in der Tora über Respekt und Misstrauen lernen. Das ist die Lehre: Kabde'u we-chaschde'u: Respektiere dein Gegenüber und misstraue ihm gleichzeitig. Das ist die Mentalität. Die meisten Beziehungen zwischen Arabern und Juden sind Geschäftsbeziehungen. Wenn das Geschäft beendet ist, ist auch die Beziehung beendet. Man kann auch Freundschaften finden, aber nur sehr wenige.

Neugierde

Israel Har'el

Als ich bereits Leiter des Rats der jüdischen Siedlungen war und eine Kolumne für die Zeitung *Haaretz* schrieb, bekam ich eine Einladung vom Goethe-Institut, an einem Seminar teilzunehmen. Ich wusste, was das Goethe-Institut ist und welche Haltung es in Bezug auf die Nazis einnimmt. Aber ich hatte ein Problem: Ich hätte dafür nach Deutschland reisen müssen. Ich entschied mich dagegen. Ein Mitarbeiter des Instituts kam nach Israel, vielleicht nur meinetwegen, denn die anderen Teilnehmer hatten die Einladung schon angenommen. Er besuchte mich und versicherte mir, dass das Goethe-Institut gegen die Nazis sei, mehr als jedes andere Institut. Er zählte auf, was sie alles gegen Diskriminierung unternahmen, und er überzeugte mich. Ich weiß noch, dass ich nach Hause kam und meiner Frau und den Kindern sagte, ich würde zum ersten Mal nach Deutschland fahren. Das war vor fünfzehn Jahren. Meine älteste Tochter reagierte emotional und weinte. Ich habe aus der Tatsache, dass ich ein Überlebender bin, nie eine große Sache gemacht, ich meine, ich definiere mich nicht darüber. Weißt du, manche sind professionelle Überlebende geworden, bei ihnen dreht sich alles um die Zeit des Zweiten Weltkriegs. Ich verurteile sie nicht, der Holocaust hat ihr Leben mehr als alles andere bestimmt. Sie haben jedes Recht dazu. Ich habe meinen ältesten Sohn verloren. Andere Eltern, die ein Kind verlieren, machen das Unglück zum Zentrum ihres Lebens. Ich trauere, und wir begehen jedes Jahr den Gedenktag. Erst vor einer Woche hat mir eine ehemalige Freundin von ihm die Briefe geschickt, die er an sie geschrieben hatte, und wir haben sie alle gelesen. Aber ich mache die Trauer nicht zu meinem Beruf. Manche Eltern, die ein Kind im Krieg verlieren, richten sein Zimmer wie einen Altar her. Wir sind nicht so. Als meine Tochter so emotional reagierte, lag das also nicht direkt an mir. Sie war außer sich. Deutscher Boden – du willst doch nicht einen Fuß auf deutschen Boden setzen. Um an dieser Konferenz teilzunehmen, hätte ich meine Prinzipien über den Haufen werfen müssen. Wegen der heftigen Reaktion meiner Tochter sagte ich die Teilnahme in letzter Minute ab, und eigentlich war ich froh über ihre Reaktion. Später bekam ich weitere Einladungen, von einer deutschen Gruppe »Freunde Israels«, sie reisten durch Israel und kamen zu mir. Ich hielt für sie eine Rede, die Einladung folgte später. Doch ich habe es noch nicht einmal in Erwägung gezogen. Nicht weil ich der war, der ich bin, sondern weil meine Familie es nicht verstehen würde. Was die anderen Leute denken, interessiert mich nicht. Ich machte kein Theater, deshalb wissen die anderen gar nichts davon. Einmal habe ich den Premierminister Jitzchak Schamir, zu dem ich eine gute Beziehung hatte, gefragt, warum er nach

Deutschland gefahren sei. Er sagte: »Nun, ich bin der Premierminister für alle Bürger Israels. Als Privatmann würde ich nicht hinfahren. Aber als Premierminister, der verschiedene Interessen in Deutschland vertritt, musste ich fahren.« Es interessiert mich, wie die Verhältnisse in Deutschland sind. Als Leiter der jüdischen Siedlungen habe ich geheime Gespräche mit den Arabern geführt. Ich meine, mit Palästinensern. Früher, als es noch verboten war, war nicht daran zu denken. Ich lehnte ein Treffen mit Arafat ab, aber ich traf mich mit anderen. Das war meine Pflicht, aber ich war auch neugierig, ich wollte sehen, wie sie sind. Ich bin von Natur aus neugierig, und von Zeit zu Zeit hadere ich mit mir selbst. Ich möchte Berlin sehen. So viele Israelis machen in Berlin Geschäfte, und das gefällt mir überhaupt nicht.

Gute Zeiten

Yuda Braun

Ich war damals fünfzehn Jahre alt. Ich wuchs in einer Siedlung auf, die auf religiöse zionistische Ideologie Wert legte, und das bedeutete: Einmal im Jahr pilgerte man an einem Schabbat nach Hebron. Es kamen sehr viele Tora-Schüler, um in Hebron zu demonstrieren: Dies hier gehört uns, und wir bleiben hier. Ich fuhr mit, weil ich dazugehören wollte. Man fährt nach Hebron, macht sich eine gute Zeit. Man betet ein bisschen, man wirft ein paar Steine. Und am Schabbat-Essen nahmen ungefähr sechzig Leute teil. Die meisten Menschen kannte ich nicht. Ich traf ein Mädchen, das ich einige Jahre zuvor in einem Camp kennengelernt hatte. Wir unterhielten uns und gingen spazieren. Aber in Hebron geht man eben nicht einfach in einem Park spazieren. Es gibt Plätze, an denen man herumgehen kann, und andere sind streng verboten, da stehen alle zwei Meter zwei Soldaten. Sie stehen also Wache, und wir machen einen romantischen Spaziergang. Wir folgten einem ungepflasterten Weg, der nach etwa zwei Kilometern zu einem Außenposten führte. Wir gingen zu einem Wadi hinunter. Es war Nacht, es war dunkel und die Sirenen heulten, aber wir achteten nicht darauf, wir taten, was wir tun mussten. Wir fanden eine Holzbank und dachten, ein Schäfer habe sie da hingestellt, um darauf zu sitzen und Flöte zu spielen, ein bisschen Romantik im Nahen Osten. Wir setzten uns also auf diese Bank und fingen an zu fummeln. Verstehst du, ich kam aus einem streng religiösen Umfeld. Da weiß man, dass man das nicht tun darf und unter diesen Umständen doch tun muss. Es gehörte zu meinen ersten sexuellen Erfahrungen. Dann gingen wir diesen Weg entlang, und plötzlich stand ein Jeep vor uns, mit heulender Sirene und mit Soldaten. »Was tut ihr da, habt ihr eine Ahnung, wo ihr seid?« Und wir stotterten: »Wir machen nur einen Spaziergang.« Der Soldat schrie ein bisschen herum, und wir gingen zurück. Wir verabschiedeten uns mit »Gute Nacht«, und das war das Ende dieser Geschichte.

Stillstehen

Ben Kadishman

Ich bin nicht in Israel geboren, ich bin 1964 in London auf die Welt gekommen. Meine Eltern haben sich scheiden lassen, und mein Vater ist 1972 mit mir und meiner Schwester nach Tel Aviv gekommen. Ein Jahr danach war der Jom-Kippur-Krieg. In Israel heulen die Sirenen an den Gedenktagen für die gefallenen Soldaten und für die Opfer des Holocaust. Hast du das mal gehört? Wenn die Sirenen heulen, klingt das wie ein lang anhaltendes »Huuuuu«. Es dauert eine oder zwei Minuten, man steht still, aus Respekt vor den Toten. Als der Jom-Kippur-Krieg begann, saß ich gerade mit einem Freund auf einer Mauer, und die Sirenen heulten ganz anders. Der Ton wurde leiser und lauter. Wir wussten nicht, was wir machen sollten, so etwas hatten wir noch nie gehört. Wir rutschten von der Mauer und standen still, wie man das am Gedenktag macht. Doch sie hörte auch nach zwei Minuten nicht auf, sie heulte immer weiter, und mein Freund und ich standen wie zwei Idioten da, bis meine Tante angerannt kam und schrie: »Kommt rein, kommt rein.« So eine Sirene hatten wir noch nie gehört.

Als Kind erlebt man alles anders. Alle Eltern haben wahrscheinlich höllische Angst gehabt, aber uns machte es Spaß. Wir begriffen zwar, dass etwas Außergewöhnliches vor sich ging. Nicht direkt hier, wer weiß schon, wo. Und wir mussten Aufträge erledigen. Ein Auftrag war, die Autoscheinwerfer mit blauer Farbe anzustreichen, damit feindliche Flugzeuge die Autos nicht sehen konnten.

Wie auch immer, dieser Krieg ging vorbei. Wir gewöhnten uns schnell an die Sirenen. Man ging in den Luftschutzkeller, und wenn keiner in der Nähe war, kauerten wir uns eng an eine Mauer. Das war meine erste Kriegserfahrung. Ansonsten ging das Leben wie gewohnt weiter. Für uns war das eine lustige Zeit. Vielleicht nicht für alle Kinder. Einige Kinder verloren vielleicht den Vater oder den Bruder. Bei mir war das nicht der Fall. Später hörte man Geschichten. Nach dem Krieg kehrten die Soldaten zurück, und man hörte alles Mögliche. Ich glaube, mein Vater hat als Reservist gedient und etwas Schreckliches erlebt, er musste Körperteile tragen, die dann begraben wurden oder so. Krieg ist nie schön, und selbst wenn er nicht sofort Auswirkungen auf einen selbst hat, wird man auf längere Sicht die Auswirkungen spüren, ob man es will oder nicht.

Als ich nach Israel kam, kannte ich grade mal ein paar kräftige Flüche auf Hebräisch und Arabisch. Das ist der übliche Mischmasch in diesem Land. Das Nationalgericht ist Humus, und das ist auf keinen Fall israelisch, sondern libanesisch oder ägyptisch. Heute behaupten die Israelis, es sei ihr Nationalgericht, und ausserdem sagt jeder »Jalla« – »Komm, lass uns gehen«, und das bedeutet »Ya Allah[1]«.

Ich wollte nicht in Israel leben. Ich wollte bei meiner Mutter sein, aber sie war in England. Ich habe sie vermisst. Innerlich ging es mir dreckig. Äußerlich war ich gut versorgt, und man gewöhnt sich an alles.

Der Libanonkrieg hatte wenige Monate vor meiner Einberufung begonnen. Weil ich Asthma habe, durfte ich nicht in einer Kampfeinheit dienen. Ich ging also mit dem Nachal in einen Kibbuz, und nach zehn Monaten habe ich die Armee verlassen. Wenn man zur Armee geht, will man Rambo spielen. Ich dachte, ich muss beweisen, dass ich der Allerbeste bin. Das wird einem so eingetrichtert. Man spürt, dass man das machen muss. Ich habe es auch gewollt, aber ich konnte es nicht. Ich hatte Glück. Denn das war der erste Krieg, in dem die Israelis nach einer gewissen Zeit merkten, dass er nicht richtig war. Der Anfang war in Ordnung, aber dann gingen sie zu weit. Das war schon lange kein Verteidigungskrieg mehr, es war etwas anderes. Und am Ende hat es nichts gebracht. Aus diesem Krieg formierte sich die Hisbollah, und sie ist stärker als alle anderen Feinde zuvor. Vorher PLO, jetzt Hisbollah. Es scheint, als würde sich der Ring immer enger zusammenziehen. Militärtechnologie wird einen Teil des Problems lösen, aber die richtige Lösung ist es, zu verzeihen und Frieden zu schließen. Auf beiden Seiten. Wenn sich jemand dagegen stemmt, kann man keinen Frieden schließen. Die einzige Lösung wäre, wenn alle ganz einfach sagen würden, es reicht. Und wenn sie einander verzeihen. Damit die nächste Generation ein normales Leben führen kann.

1 Arabisch für »Oh, Gott«.

Mizrachi

Almog Behar

Die meisten Juden aus den arabischen Ländern haben die arabische Sprache verlernt, die Älteren noch nicht, auch die Jüngeren nicht alle, aber die meisten. Trotzdem ist Arabisch immer noch präsent, das ist die Sprache der Straße hier, ein Drittel der Jerusalemer spricht Arabisch. Wie viel Prozent es im ganzen Land sind, ist schwer zu sagen, man spricht nicht darüber, aber es ist eine hohe Zahl. Wenn man es messen würde – die Sprache der Juden aus den arabischen Ländern und der Palästinenser – wäre Arabisch die Sprache der Mehrheit.

Natürlich würden sich die Juden aus den arabischen Ländern in der gegenwärtigen Situation ungern als arabische Juden bezeichnen. Das tun nur wenige, vor allem Intellektuelle. Viele Juden aus der arabischen Welt leben heute in ähnlichen wirtschaftlichen Verhältnissen wie die Palästinenser, viele arbeiten mit ihnen zusammen und sprechen täglich Arabisch. Es ist eine ambivalente Situation. Im rechten nationalistischen Flügel spricht man nicht darüber, aber wenn man es sich überlegt, ist die Definition »arabisch« neu, nicht nur für die Juden aus der arabischen Welt, sondern auch für die Araber im Allgemeinen. Das ist nicht nur ein Fehler der Juden aus der arabischen Welt. In anderen Sprachen werden die Araber als Araber bezeichnet. Aber auf Arabisch hat man das Wort »arabisch« nur für die Beduinen benutzt. Wenn vor achtzig Jahren jemand aus Bagdad oder aus Jerusalem gesagt hätte, er habe einen Araber getroffen, dann hätte er damit jemanden gemeint, der außerhalb der großen Städte lebte. In den zwanziger, dreißiger und vierziger Jahren änderte sich das langsam, und es änderte sich komplett mit Nasser[1], in den fünfziger und sechziger Jahren. Viele Juden aus der arabischen Welt waren schon ausgewandert, bevor sie sich selbst oder ihre moslemischen Nachbarn als Araber bezeichneten. Die Sprache hieß Arabisch, die Kultur wurde »Ruba« genannt, hatte also etwas mit dem Wortstamm zu tun, aber man definierte sich durch die Religion, nicht durch das »Arabische«. Das änderte sich später, als die Juden hierherkamen. Im Irak und in anderen Ländern änderte es sich, als die Juden diese Länder verlassen hatten. Sie haben recht gehabt. Natürlich lässt sich über die Bedeutung des Wortes »arabisch« diskutieren und kann man es wieder mit der Sprache oder mit der Kultur in Zusammenhang bringen. Ich glaube, dass die israelische Kultur oder die Mizrachi-, das heisst die orientalische Kultur, mit dem Arabischen in Zusammenhang gebracht werden muss. Es gibt natürlich muslimische Gemeinden, im Iran, in Kurdistan oder Nordafrika, die nicht aus arabischen Ländern stammen, es ist also gemischt. Wir erleben uns jetzt, in der dritten Generation, als eine große Gemeinde der arabischen oder der muslimischen Welt. Das ist aber nicht das, was meine Großeltern erlebt haben, sie waren von ihrem Selbstverständnis her Bagdader Juden. Sie wussten nichts von orientalischen Juden, von Mizrachi-Juden. Das Übergeordnete war Irakisch, dann kam Bagdadisch, ich nehme an, das galt auch für die anderen Iraker, nicht nur für die Juden. Alle panarabischen Konzepte kamen später. Vorher hatte man das gar nicht so wahrgenommen. Das kam erst durch Mischehen und durch politische, soziale und wirtschaftliche Überlegungen. So ist die wirtschaftliche, kulturelle und politische Unterdrückung der Mizrachi-Juden hier in Israel entstanden. Einer der Gründe, warum sie nicht so schnell dagegen aufbegehrten, war, dass sie nicht das Gefühl hatten, als Gruppe diskriminiert zu werden, sie fühlten sich verschiedenen Gemeinden zugehörig. Und ihre Kinder lehnten diese Zugehörigkeiten ganz ab, sie wollten einfach nur Israelis sein.

Die Bewegung der Schwarzen Panther in den siebziger Jahren war ein Meilenstein für die Entwicklung eines Gemeinschaftsgefühls. Das Establishment benutzte einen Begriff für alle. Sie nannten sie nicht Orientalen (Mizrachim), ein Begriff, den die Schwarzen Panther benutzten, sondern »Bne'edot hamizrach«, »Die Kinder der Gemeinden aus dem Osten«. Diese Worte kennzeichneten auf Hebräisch diese Menschen als »andere« und demonstrierten zugleich, dass sie für die herrschende Klasse alle zu einer Kategorie gehörten. Für die Herrschenden war also klar, dass es zwei Sorten Menschen gab: Aschekenasim und Nicht-Aschkenasim. Frühe Beispiele dafür sind die Wahlen zur ersten und zweiten Knesset, in denen die alte sephardische Gemeinde, die behauptete, alle Juden aus dem Nahen Osten zu repräsentieren, nur zwei oder drei Sitze errang, denn die orientalischen Juden hatten nicht das Gefühl, von ihnen repräsentiert zu werden. Erst durch die Schwarzen Panther bekam das Aufbegehren eine Stimme. Ich glaube, dass man sich erst in den achtziger und neunziger Jahre an das Wort »Mizrachi« gewöhnt hat. Im religiösen Kontext spricht man eher von sephardisch als von mizrachi. Sephardisch hängt mit Spanien (Sepharad) zusammen. Die Menschen hatten das Gefühl, durch das Wort sephardisch irgendwie noch ein Teil Europas zu sein. Dieses Wort stammt jedoch noch aus einer Zeit, als man Spanien noch nicht als Teil Europas bezeichnete, und diente dazu, die Juden in der Welt zu organisieren. Das jüdische Gesetz war spanisch. Und das war die Bedeutung dieses Wortes. Als es schwieriger wurde, zu sagen, man sei Iraker, fing man an, sich sephardisch zu nennen. Das hörte sich besser an.

Heute benutzt man das Wort »Mizrachi« vor allem für die Musik. Menschen lieben oder verabscheuen Mizrachi-Musik, »mizrachi« wird auch in der Soziologie, der Politik und dem Journalismus verwendet. Doch nicht jeder wird sich als Mizrachi definieren. Nicht jeder Mensch wird dieses Wort für sich selbst benutzen. Aber es kommt vor. Wenn jemand allerdings Eltern hat, die beide aus Algerien stammen, würde er eher sagen, dass er Algerier ist. Er wird sich nicht als Mizrachi bezeichnen, das würde auf eine Verbindung zum Beispiel zum Iran hindeuten. So ist die Definition von »Mizrachi« in Israel.

Hier in Israel gibt es ein Konzept für gemischte Städte. Jerusalem, Lod, Akko, Haifa und Jaffa sind gemischte Städte. Aber Netanja, meine Geburtsstadt, und Ra'anana sind definitiv keine gemischten Städte. Ganz bestimmte Tätigkeiten, zum Beispiel Bauarbeiten und Straßenreinigung, werden überwiegend von Palästinensern erledigt. Natürlich ist die Stadt dann gemischt. Aber die Palästinenser leben nicht hier, sie kommen nur, um zu arbeiten. Man sieht Palästinenser im Fernsehen, man spricht über sie, zum Beispiel, wenn der Vater jedes Jahr einen Monat zum Reservedienst eingezogen wird. Und als ich noch sehr klein war, gab es den ersten Libanonkrieg, und als ich zehn Jahre alt war, die erste Intifada.

Mit acht oder neun Jahren benutzte ich ein rassistisches Wort für die Araber, nämlich »Arabuschim«, das ist »Araber« mit einem verniedlichenden Suffix, das den Begriff herabsetzt. Eindeutig auf eine unschöne Art und Weise. Dieses rassistische Wort ist sehr gebräuchlich. Ich weiß nicht mehr, wo ich es damals gesagt habe, in der Schule oder zu Hause. Aber das war eine wichtige Lektion über Rassismus, weil niemand reagiert hat. Niemand rügte mich, niemand sagte etwas. Ich hatte erwartet, dass mich irgendein Erwachsener zurechtweisen würde, aber das tat keiner. Das machte mich nachdenklich. Wie konnte das unbemerkt bleiben? Ich dachte zum ersten Mal über Rassismus nach. Die Verbindung war mir klar.

Schon als ich im Kindergarten war, wurden wir gefragt, woher unsere Familien stammten. Vielleicht ist es in Deutschland nicht üblich, nach der Herkunft der Familie zu fragen, hier ist es jedenfalls sehr verbreitet. In der Schule muss man sogar Formulare ausfüllen und angeben, wo die Eltern geboren wurden. Man wird immer danach gefragt, woher die Familie kommt. Im Kindergarten sagte ich immer, meine Mutter sei aus »Arabia«. Das wurde zu einer Familienanekdote, denn es gibt keinen Ort dieses Namens. Ich weiß nicht, warum ich nicht Irak sagte. Diese Anekdote wurde in unserer Familie immer wieder erzählt. Die Verbindung zu der arabischen Welt war mir klar. Deshalb erwartete ich, dass irgendjemand mein rassistisches Wort kommentieren würde. Schließlich sagte es ja auch etwas über uns aus.

Es gibt noch etwas, das mit meiner Kindheit zusammenhängt, das ist der erste Golfkrieg, der erste USA-Irak-Krieg. In Ra'anana landeten keine Scud-Raketen, nur amerikanische Patriot-Raketen. Die Patriots wurden dazu benutzt, die Scuds abzuschießen. Die Patriots landeten nur fünfzig Meter von unserem Haus entfernt. Es war eine sehr intensive Erfahrung für die irakischen Juden, die so alt waren wie ich oder älter. Ab da, ab 1991, begann ich, mich als Iraker zu definieren. Weil die ganze Gesellschaft so anti-irakisch war. Ich fand das schrecklich. Auch die Tatsache, dass man jeden Abend im Fernsehen General Schwarzkopf sah, der zeigte, welche Stellen in Bagdad bombardiert wurden. Es war das erste Mal, dass ich Bagdad im Fernsehen sah. Und nur, wenn die Stadt bombardiert wurde. Ich hatte noch nie Bilder von Bagdad gesehen, und nun, beim ersten Mal, wurde es von den USA bombardiert. Deshalb, und weil die anderen in meiner Klasse so anti-irakisch waren, fing ich an, mich als Iraker zu bezeichnen. Außerdem war es seltsam, Saddam Hussein sprechen zu hören, sein Akzent war mir sehr vertraut. Ich hatte vorher im Fernsehen auch niemanden mit irakischem Akzent sprechen gehört, und als es nun zum ersten Mal geschah, war es der Anführer des Feindes, der sprach. Ich reagierte mit Widerstand, ich identifizierte mich mit dem Irak und war gegen den Krieg der Amerikaner gegen den Irak. Es war eine sehr angespannte Zeit, auch während des zweiten Golfkrieges gegen den Irak, wenn wir zu Hause über den Irak sprachen. Oder wenn ich Familiengeschichten hörte. Während des ersten Golfkriegs waren ein Onkel und meine Großmutter bei uns, deshalb wurde wochenlang über den Irak gesprochen, und sie erzählten ihre Erinnerungen. Beide Golfkriege waren für meine Familie einschneidende Erlebnisse, zumal das Auswärtige Amt Formulare an irakische Familien schickte, um ihr verlorenes Eigentum im Irak zu erfassen, sie hatten ja nichts mitnehmen dürfen. Es gab die Hoffnung, den 1950 verlorenen Besitz zurückzubekommen, aber wir waren uns nicht sicher, ob wir die Formulare ausfüllen sollten oder ob es nicht ein Trick war und sowieso nichts passieren würde. Und natürlich konnte sich kaum jemand wirklich an die Adressen im Irak erinnern. 1991, im ersten Golfkrieg, gab es noch Menschen, die sich an die Adressen erinnerten, aber 2001 handelte es sich schon um Greise, die sich weder an die Straßennamen noch an die Hausnummern erinnerten. Das waren zwei wirklich aufregende Perioden.

Später, im Gymnasium in Tel Aviv, stammten meine Mitschüler aus den verschiedensten Ländern, ich nehme aber an, dass die Araber in der Minderheit waren. In politischer Hinsicht unterstützte ich, bis ich siebzehn oder achtzehn war, den Likud, die rechte Partei, ich hielt mich selbst für einen Anhänger des liberalen Flügels der Partei und war überzeugt, dass es individuelle Rechte für die Palästinenser geben sollte, aber keine kollektiven, dass wir zwar kein rassistisches Land seien, aber nur Juden das nationale Recht zustehe. Es dauerte sehr lange, bis ich den Platz der Palästinenser in der israelischen Gesellschaft und in den besetzten Gebieten anerkannte. Erst später, mit achtzehn oder zwanzig, konnte ich darüber nachdenken, dass Orte wie Netanja, Ra'anana oder Tel Aviv die orientalische Kultur und den Platz der Palästinenser weggewischt haben. Man sieht sie nicht. Sie arbeiten hier, dürfen aber hier nicht leben. Wenn man in Israel aufwächst, kann man sein ganzes Leben verbringen, ohne jemals einen Araber oder Palästinenser zu Gesicht zu bekommen. Das stimmt natürlich nicht, man wird ihnen auf der Straße begegnen oder wenn man einen Klempner braucht, aber gefühlsmäßig existieren sie nicht. Es dauert lange, das zu verstehen. Einer der Gründe, weshalb ich nach Jerusalem gezogen bin, war der Eindruck, dass in Jerusalem die Aggression deutlich zu merken ist, während sie da, wo ich aufgewachsen bin, unter der Decke gehalten wird. Ein anderer tut es für dich. Man kann es nicht sehen. Hier schauen sich die Menschen auf der Straße an und hassen einander. Wo man sich nicht begegnet, kann man leicht behaupten, man sei kein Rassist.

1 Gamal Abdel Nasser, von 1952 bis 1954 Ministerpräsident Ägyptens, danach bis 1970 Staatspräsident.

497
Scandar Copti

Ich begann, in einer Organisation zu arbeiten, die »Sadaka-Reut«[1] heißt, das bedeutet Freundschaft. Ich organisiere für Jugendliche zwischen fünfzehn und achtzehn Jahren Video-Gruppen, in denen ich sie ermuntere, ihr Leben zu ändern. Sie sollten ihr Leben und ihr Umfeld mit der Kamera festhalten. Es gab diese schreckliche Situation in Jaffa, als fünfhundert Familien evakuiert werden sollten. Ich weiß nicht, ob du davon gehört hast. Vierhundertsiebenundneunzig Familien sollten ihre Häuser verlassen. Ihre Häuser sollten abgerissen oder an Juden verkauft werden. Es hat vor zehn Jahren angefangen und dauert immer noch an. Einige Familien sind schon evakuiert, zwei Familien haben vor Gericht gewonnen, aber das Ganze ist noch nicht zu Ende. Ein Ausschuss kümmert sich mit Hilfe von Rechtsanwälten um die Sache. Ich erzähle dir die Geschichte: 1948 gab es in Jaffa und Umgebung einhundertzwanzigtausend Palästinenser. Es gab dreiundzwanzig Dörfer im Umkreis der Stadt, mit eigenen Bürgermeistern, der Oberbürgermeister von Jaffa war der Gouverneur. Geblieben sind nur etwa dreitausend davon. Die anderen wurden umgesiedelt. Die, die dablieben, wohnten nicht nur in Ajami, sondern überall, manche in diesem Dorf, andere in jenem, manche in Manschieh, andere anderswo. Aber 1948 kamen die Juden und steckten sie in ein Ghetto, das Ajami-Ghetto. Ajami ist ein Stadtteil Jaffas, direkt am Meer. Die Leute hätten mit dem Schiff fliehen können, in den Libanon oder sonstwohin. Das war die Absicht der Juden. Sie errichteten einen Zaun um den Stadtteil, es war kein hoher Zaun, es kostete nicht viel. Er hatte fünf Tore, eines davon war fünfundzwanzig Meter von hier entfernt. Mein Großvater arbeitete außerhalb des Zauns, und er benötigte einen Passierschein, damit er in die Schreinerei gehen konnte, in der er arbeitete, und die genau einhundertfünfzig Meter von hier entfernt war. Aber er musste durch das Tor. Wie dem auch sei, sie brachten diese Menschen ins Ghetto, in Häuser, die ihnen nicht gehörten. Die Leute kamen aus den verschiedensten Dörfern, man sagte ihnen: »Du ziehst in dieses oder in jenes Haus. Aber das Haus gehört dir nicht. Wir haben eine legale Lösung gefunden, du bekommst das Haus für drei Generationen, dann geht es wieder in den Besitz des Staates über.« Jetzt ist es die dritte Generation. Jetzt gehen die Häuser zurück an den Staat. An diese staatliche Gesellschaft. Jetzt müssen vierhundertsiebenundneunzig Familien ihre Häuser verlassen. Einige hatten illegal angebaut, denn bis vor sieben oder acht Jahren durfte man in Ajami nicht bauen, man bekam keine Baugenehmigungen. Doch die Familien wurden größer und brauchten Platz. Stell dir vor: Wir schoben die Kinder aus meinem Kurs vor, um die Protestierenden vor der Polizei zu schützen. Zwölf Kinder filmten die ganze Zeit die Polizeieinsätze. Kein Polizist griff die Protestierenden an, weil wir sie vor unseren Kameras hatten. Sie rückten mit Polizei und Bulldozern an, um ein Haus abzureißen, und da waren zwölf Kinder mit kleinen Kameras, die alles filmten. Die Polizei konnte nichts tun, sie haben die Familie nicht evakuiert. Du kannst dir vorstellen, wie das die Menschen ermutigte, besonders die Kinder. Wir diskutierten viel über Rassismus. Die palästinensischen Kinder wussten nicht, dass es nicht nötig ist, sofort Hebräisch zu sprechen, wenn man einen Bus besteigt. Man darf seine eigene Sprache sprechen. Wir arbeiten daran, wir arbeiten an dem Nakba-Projekt, daran, wie es zur Nakba kam und was sie bedeutet. Wir arbeiten daran, dass man alles hinterfragen soll. Ich arbeite mit einer palästinensischen Gruppe, und parallel dazu gibt es eine jüdische

Gruppe, die mit einem israelischen Erzieher arbeitet. Alle zwei Monate treffen wir uns für drei Tage, manchmal auch länger, wenn wir das Geld dafür auftreiben können, wir treffen uns irgendwo, schlafen dort und diskutieren gemeinsam ein Thema, zum Beispiel Rassismus oder die Armee oder was auch immer.

1 Das Ziel dieser Organisation ist es, palästinensische und jüdische Jugendliche zu bestärken, sozialpolitischen Wandel durch bi-nationale Partnerschaft zu erreichen.

Lüge nie
Samuel Maoz

Mein Konzept für den Film *Libanon* war für mich eine Art goldener Schlüssel, denn es hatte einen Nebeneffekt. Ich weiß noch, dass ich mehrmals versucht hatte, das Drehbuch zu schreiben, doch normalerweise fing ich nach einer Seite oder einer halben Stunde an, brennendes Fleisch zu riechen. Ich sagte mir selbst, dass es sich um Flashbacks handelte, aber ich wollte nicht weiter machen. Man lernt, die Gefahr zu riechen, und ich dachte, ich sei noch nicht bereit dafür. Ich hörte nicht deshalb auf, weil ich Angst hatte. Ich wollte diesen Film nicht als traumatisierter Soldat machen. Ich wollte in der Lage sein, die Angst zu kontrollieren und zu analysieren. Letztendlich wollte ich einen Film machen, der funktioniert. Ich spürte, dass, wenn ich ihn als jemand machen würde, der dabei war, es nicht klappen würde, dann würde es nur um mich gehen. Ich musste mir Abstand verschaffen. Ich konnte immer dem Kind in mir vertrauen, das kommen und mir helfen würde, aber ich brauchte den Regisseur, der die Erinnerungen und den Schmerz kinematografisch analysiert. Ich dachte, dass ich, solange ich das brennende Fleisch riechen würde, noch nicht bereit wäre.

Ich habe einen Freund, und der hat einen Sohn. In Israel gibt es ein

Gesetz – ich weiß nicht, ob du davon gehört hast –, dass beide Eltern ihr Einverständnis geben müssen, wenn das einzige Kind Soldat bei einer Kampfeinheit werden möchte. Tun sie das nicht, muss ihr Sohn zwar seinen Armeedienst ableisten, aber in der Etappe und nicht an der Front. Dieses Gesetz ist sehr human, denn wenn man nur einen Sohn hat, ist, wenn er fällt, für die Eltern die ganze Welt verloren. Der Sohn dieses Freundes also war hochmotiviert und wollte zu einer Kampfeinheit. Er war intelligent, aber man konnte seinen Argumenten anhören, dass sie die eines Kindes waren, das mit dem Kopf durch die Wand will. Es war keineswegs politisch motiviert. Er wollte kämpfen, er wollte schießen. Sein Vater war nicht bereit zu unterschreiben. Sie stritten sich, jeder Tag wurde zu einem Alptraum. Der Sohn provozierte ihn ständig. »Du nennst dich liberal und lässt mich, einen Achtzehnjährigen, nicht selbst entscheiden und über mein Schicksal verfügen.« Sein Vater sagte: »Hör zu, ich habe einen Freund, der im Krieg war. Wir gehen zu ihm und reden mit ihm, tu es mir zuliebe. Wenn er dich überzeugt, umso besser, und wenn nicht ...« Der Sohn war einverstanden, sagte aber, es sei das letzte Mal, dass er etwas für den Vater tue. Der Vater rief mich an und sagte: »Du musst ihn überzeugen. Tu dein Bestes.« Sie kamen zu mir, und wir sprachen zwei Stunden lang, und glaub mir, ich habe ihm nichts verschwiegen. Er hörte sich alles an und sagte zum Schluss: »Ich habe dir sehr gut zugehört. Was du sagst, ist sehr logisch, ich verstehe diese Logik. Aber ich möchte zu einer Kampfeinheit, das ist alles. Ich bin mir der Gefahr bewusst.« Ich sagte zu ihm: »Du bist dir der Gefahren nicht bewusst.« Er ging. Sein Vater fragte mich: »Was soll ich denn bloß tun?« Ich sagte: »Wenn ich du wäre, würde ich auf keinen Fall unterschreiben.« Er sagte: »Aber er droht damit, dass er kein Wort mehr mit mir spricht, dass er die Beziehung zwischen uns beendet, wenn ich nicht unterschreibe.« Ich sagte: »Es ist besser, nicht mit einem lebenden Sohn zu sprechen, als mit einem toten. Am Ende wird er zu dir zurückkommen. Unterschreibe nicht! Das ist mein Rat! Sei stark!« Der Sohn machte so viel Druck, dass er dann doch unterschrieb. Der Sohn war Infanterist bei verschiedenen Truppenteilen. 2006 kam der zweite Libanonkrieg. Am ersten Tag des Krieges, nach ein oder zwei Stunden, war sein Sohn voller Brandwunden, von Kopf bis Fuß, man könnte fast sagen, er wäre besser tot gewesen. Man hat ihm einen Arm und ein Bein amputiert, der Rest des Körpers war völlig verbrannt. Aber er lebte. Nach einer langen Reha wurde er nach Hause geschickt, jetzt sieht er aus wie ein Zombie. Einmal wollte er mit seinem Vater ins Kino gehen. Doch nach fünf Minuten auf der Straße wollte er wieder nach Hause. Er merkte, dass die Menschen bemüht waren, ihn nicht anzustarren. Von morgens bis abends schrie er seinen Vater an: »Schau mich an, wegen dir sehe ich so aus. Warum hast du unterschrieben? Ich war doch ein Kind. Okay, ich wollte es, aber du warst ein Erwachsener, du warst mein Vater. Du hast die Verantwortung gehabt. Warum, verdammt, hast du bloß unterschrieben? Wegen dir bin ich ein Krüppel. Wegen dir werde ich nie eine Frau haben.« Beide drehen langsam durch. Vor lauter Schuldgefühlen verliert der Vater den Boden unter den Füßen, und weißt du was? Irgendwie hat der Junge recht. Gut, ich will kein Urteil fällen. Ich kann nicht wissen, ob es richtig oder falsch war. Aber für mich zeigt diese Geschichte etwas über die israelische Gesellschaft und das Chaos, das ein Krieg verursacht: es verfolgt dich bis vor die eigene Haustür, bis in dein Wohnzimmer, und bleibt dort, noch lange, nachdem der Krieg vorbei ist. Jeden Tag, wenn mein Freund nach Hause kommt, beschuldigt ihn sein Sohn: »Schau mich an! Das ist deine Schuld! Warum hast du unterschrieben? Warum, verdammt noch mal, hast du unterschrieben?«

Um diese Geschichte zu Ende zu bringen und sie mit meiner Geschichte zu verbinden: Nachdem ich gehört hatte, dass er fast verbrannt war, war ich tief getroffen. Ich ging nach Hause und wusste nicht, was ich tun sollte. Ich war sehr wütend. Ich wollte den Fernseher einschalten. Dann dachte ich, ich sollte mit dem Schreiben beginnen. Ich musste mit dieser Wut etwas anfangen. Ich dachte, ich schreibe, bis ich das verbrannte Fleisch rieche, und dann mache ich etwas anderes. Ich fing an zu schreiben, und der Geruch kam nicht. Ich habe sogar versucht, mir den Geruch ins Gedächtnis zu rufen, aber nichts geschah. Einen Moment lang fühlte ich eine gewisse Freiheit. Ich fühlte mich wie eine zitternde Rakete beim Countdown, wenn die Roboterarme des Krans, die sie halten, anfangen, sich zu bewegen. Ich schrieb zwei oder drei Stunden wie in Trance, dann hörte ich plötzlich auf, weil ich merkte, dass ich auf der falschen Spur war. Ich begriff, dass meine Geschichte nicht die Ereignisse selbst sind. Die Ereignisse sind eher das Symptom, nicht die Ursache. In meiner Geschichte geht es um das, was im Krieg im Inneren der Soldaten passiert. Dieses Gefühl möchte ich vermitteln. Mir schien es wie eine Schulübung zu sein: Wie geht der Soldat damit um? Ich begriff, dass der einzige Weg des Vermittelns über emotionales Verständnis ging, nicht über Logik. Die einzige Möglichkeit besteht darin, eine starke Erfahrung zu schaffen. Ich dachte: gut, nehme ich eben das Publikum mit in den Panzer, dann ist es gezwungen, sich mit den Charakteren zu identifizieren – denn es hört, was die Soldaten hören, und sieht, was die Soldaten sehen. Dann sind die Zuschauer kein objektives Publikum mehr. Sie sind am Ort des Geschehens. Sie sitzen auf dem Platz des Zielschützen. Sie sehen den Krieg mit eigenen Augen. Sie sehen die Opfer hinter dem Sucher. Ich dachte: Das ist eine harte Erfahrung, aber nur so lässt sich nach fünf oder sechs Minuten etwas empfinden, und verstehen kann man nur, wenn man etwas empfindet. Ich kann es nicht erklären. Ich kann nicht sagen: »Oh, ist das schwer.« Es geht hier um extrem schwierige Situationen, die, wenn man sie zu erklären versucht, keiner verstehen kann.

In der Nacht, nachdem ich den Jungen im Krankenhaus gesehen hatte, schrieb ich den Satz: »Der ganze Film wird im Panzer stattfinden, und die Welt draußen wird nur durch den Sucher des Zielschützen zu sehen sein.« Ich las den Satz einmal, dann ein zweites Mal, und plötzlich wurde mir klar, dass ich mein filmisches Konzept gefunden hatte. Bevor ich *Libanon* drehte, sagten die Leute, man brauche an einen Kriegsfilm überhaupt nicht zu denken, wenn man nicht zehn Millionen Dollar zur Verfügung hätte. Mit diesem Konzept aber konnte ich einen Kriegsfilm für eine oder anderthalb Millionen machen.

Um die Wahrheit zu sagen, sollen der Goldene Löwe in Venedig, der Europäische Filmpreis und die anderen zwanzig Preise, die in der Vitrine meiner Mutter stehen, sie vor allem für die gestohlene Bibel entschädigen. Jetzt, nach *Libanon*, hat meine Mutter einen Platz an der Sonne, wenn sie ihre Nachbarinnen trifft, alle Rentnerinnen. Jeden Morgen staubt sie die Preise ab, und jeder Besucher muss die Geschichte dieser Preise über sich ergehen lassen. Die Ursprungsidee ist letztlich der Grund für die Preise, die die Vitrine meiner Mutter schmücken. Nur deshalb ist der Film einzigartig. Den Film *Libanon* zu machen, war mir ein dringendes Bedürfnis. Es war mein Bedürfnis, den Krieg ohne Heroismus und all diese Klischees zu zeigen, aber es war vor allem – vielleicht ist »mir selbst zu verzeihen« nicht der richtige Ausdruck – das Bedürfnis, Verständnis zu finden, gerade weil ich Verantwortung trage. Ich kann sagen, dass Verantwortung Teil meines Schicksals ist, ich hatte das Gefühl, in eine Sackgasse geraten zu sein, ohne jede Chance, und am Ende drückte ich auf den Abzug. Ich kann die Verantwortung nicht von mir weisen. Ich kann nicht behaupten: »Das war ich nicht!« Das ist übrigens der Grund, warum es mir wichtig war, dass der Fahrer im zweiten Auto, in der Szene in der Bananenplantage, die Hände hebt, denn ich wollte die Verantwortung übernehmen. Ich wollte kein Szenario filmen, das nur die Opfer zeigt. Die Szene in der Bananenplantage, mit der der Film beginnt, ist mir tatsächlich passiert. Filmisch gesehen hatte ich Glück, weil sie wie eine mathematische Formel wirkt, die den Grundkonflikt zeigt. Nach dieser Szene hat der Regisseur das Publikum auf seiner Seite. Man versteht den Konflikt, der zum Krieg geführt hat, und mir war es wichtig zu sagen: Ja, ich bin ein Opfer, aber ich trage auch Verantwortung. Und glaub mir, es gibt einen Riesenunterschied zwischen dem Verstehen, dass man keine Wahl hatte, und der Tatsache, dass man sich schuldig fühlt. Vielleicht lassen sich diese beiden Gedanken nicht miteinander vereinbaren, vielleicht sind es zwei getrennte Bereiche, aber so ist es passiert. Du weisst ja, dass ich viele Rückmeldungen bekam. Viele ehemalige Soldaten mailten mir, auch Kinder von ehemaligen Soldaten schrieben mir, dass sie jetzt verstehen, warum ihr Vater plötzlich Wutausbrüche bekommt. Eine Frau schrieb: »Jetzt will ich meinen Mann umarmen.« Einige Soldaten sagten, ich hätte etwas zum Ausdruck gebracht, das sie selbst nicht in Worte fassen konnten. Für mich, egoistisch gesehen, kann ich sagen, ich war erfolgreich, es hat mir was gebracht. Als Kind hatte ich nie mit Gewalttätigkeit zu tun, und eines Tages drückte ich dann den

Abzug. Jetzt mache ich das Gegenteil, jedenfalls versuche ich, mir das einzureden.

Die Filmpremiere war in Karmiel, einer Stadt, die rechts auf der politischen Landkarte steht. Nicht extrem rechts. Wir wollten den Film mit einem problematischen Publikum testen. Nach der Vorführung – zwei oder drei Zuschauer verließen den Saal mitten im Film und nannten mich einen Verräter – blieben die meisten Zuschauer sitzen und fingen an zu reden. Plötzlich stand eine Frau auf und sagte: »Bis heute habe ich an meinen politischen Grundsätzen festgehalten. Aber jetzt denke ich an meine beiden kleinen Söhne. An den großen Sohn meiner Schwester, der nächstes Jahr eingezogen wird. Ich glaube, wir sollten unsere Prioritäten überdenken.« Natürlich waren viele Leute gegen sie, aber mindestens ebenso viele teilten ihre Ansicht. Die Leute diskutierten. Mir selbst wurden keine Fragen gestellt, ich musste nichts beantworten. Ich war ein Beobachter meines Publikums, das miteinander sprach. Für mich war es eine großartige Sache. Doch es gibt auch die andere Seite der Medaille. Leute glauben, dass mich der Hass auf Israel und die Liebe zu den Arabern motivieren. Ich kann aber die Tatsache nicht ignorieren, dass ein Junge, den ich kenne, von Fuß bis Kopf verbrennen musste, um mich dazu zu bringen, den Film so zu machen, wie er ist. Davor hatte ich einen Kriegsfilm drehen wollen, eine Geschichte erzählen. Eine übliche Geschichte. Das hat sich dann geändert.

Ich glaube, dass meine ganze Generation kaputt ist. Einerseits haben wir von Eltern und den Lehrern eine Gehirnwäsche verpasst bekommen, andererseits haben wir an einem Krieg teilgenommen, der anders war als alle anderen Kriege. Es war kein Verteidigungskrieg. In Israel haben keine Sirenen geheult. Es war das erste Mal, dass die israelische Armee in ein anderes Territorium eingedrungen ist. Ich weiß, dass im Sechstagekrieg, der bestimmt nicht weniger schrecklich war als der Libanonkrieg, zumindest einige Spielregeln eingehalten wurden. Ich meine damit: Auf der einen Seite steht eine Armee, auf der anderen Seite steht eine andere Armee, jede Armee hat ihre eigene Uniform, damit man sie unterscheiden kann. Dazwischen ist ein Stück Land, um zu kämpfen, und dann kann es losgehen. Aber im Libanon fehlten sogar diese einfachen Regeln. Der Feind trug

RHINOCERVS
רק זה חסר לנו

قادرون معا

ליברמן
סוכן
איראני

חדש
ההשמדה כבר כאן
משיח בתל אביב
YouTube

איליה
לא
נימול

057-
24

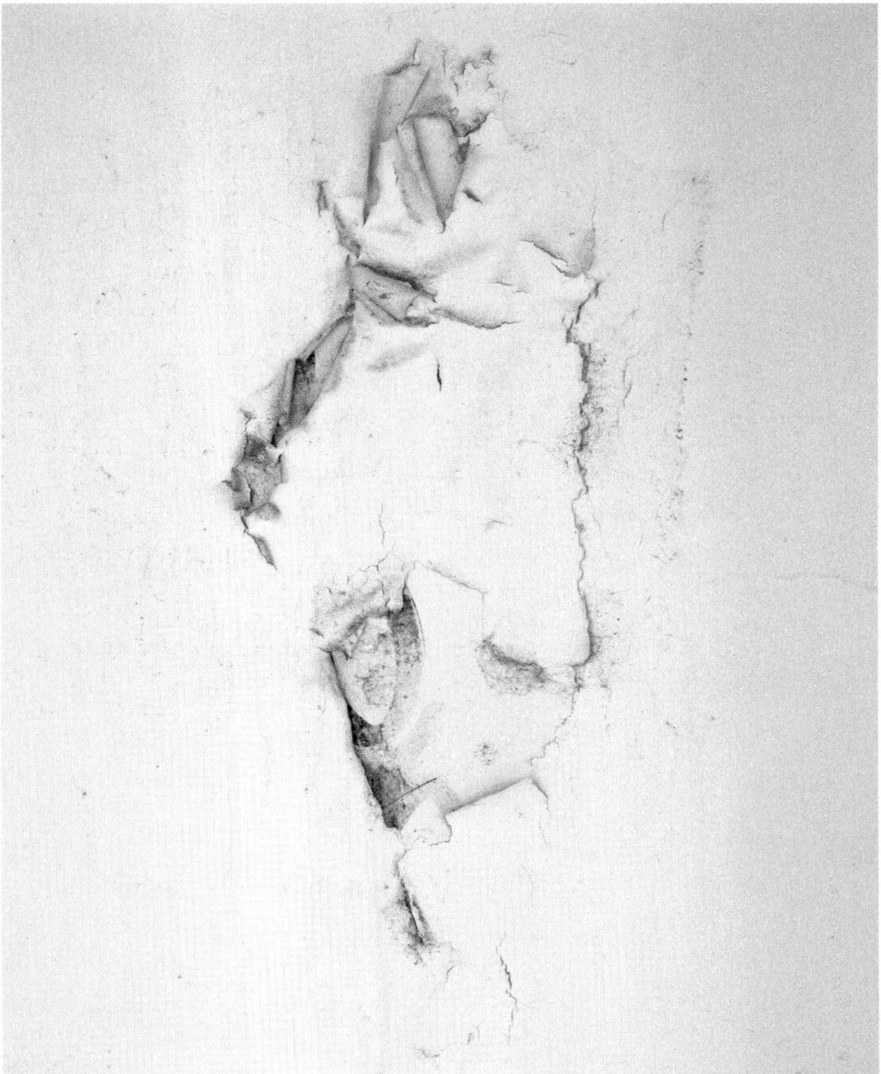

נסיונותיה לשכנע את השונמ
מבחינתי, זה כמו ללא כי
אתן לפגוע בקדושת המקום...
בגליל העליון.
בלתי הולם.
המקום.

בחורו… מעל גי…
לעבודה בצ…
עבודה נוחה … חשב מהב…
עבוד… ללא … הניסיון.

בלוק

Jeans, man konnte zwischen Zivilisten und Soldaten nicht unterscheiden. Der Krieg umgab uns im Umkreis von dreihundertsechzig Grad. Es herrschte ein Häuserkrieg. Erst nach dem Libanonkrieg fing die Armee an, Panzerübungen in urbanen Gebieten einzuführen. Hier wurde etwas verlangt, was ich nicht Armee-Philosophie nennen kann, denn bei normaler Kriegsführung bekämpfen sich die feindlichen Panzer auf offenem Feld. Nie, nie, nie hatten wir Kämpfe mit Panzern in Wohngebieten geübt.

Weißt du was? Das ist ein Paradox, normalerweise treten motivierte Soldaten Kampfeinheiten bei. Ist man aus gesundheitlichen oder anderen Gründen nicht dafür geeignet, wird man das, was wir »Jobnik« nennen. Im Schreibbüro oder wo auch immer. Zu meiner Zeit wurde man, wenn man gesund war und keine Ausrede hatte, um nicht in einer Kampfeinheit zu dienen, oder wenn man, wie ich, nicht besonders motiviert war, zu den Panzern geschickt. Man könnte sagen, Panzereinheiten sind das Proletariat der israelischen Armee. Es werden viele Soldaten gebraucht, alles gesunde Kämpfer, die aber nicht besonders motiviert sind zu kämpfen. Die angesehensten Soldaten sind die Piloten, danach kommen die Fußsoldaten und dann erst die Typen in den Panzern. Letzten Endes sind es aber die Panzer, die das schwierigste Töten ausführen müssen. Warum? Wenn du Pilot bist, ist Töten eine eher sterile Angelegenheit. Dein Ziel ist weit von dir entfernt, du schießt deine Raketen ab und fliegst zurück. Als Fußsoldat hörst du die Kugeln, die dir um die Ohren fliegen, du läufst, die Kugeln kommen von überall her, das ist normal. Aber in einem Panzer bist du so etwas wie ein Auftragskiller. Denn du bist geschützt, kannst aber das Opfer durch den Sucher sehen. Das ist das schwierigste Töten. Wenn man durch einen Kugelhagel rennt, schießt man nach allen Seiten, das ist etwas anderes, als jemandem im Sucher zu sehen und abzudrücken, verstehst du? Es ist paradox, dass ausgerechnet die Soldaten, die weniger motiviert sind, diese Aufgabe erfüllen müssen.

In den ersten drei Monaten der Grundausbildung lernt man, den Panzer zu fahren, man wird ausgebildet als Richtschütze und als Ladeschütze. Es gibt einen Schießwettbewerb, der beste Schütze wird Richtschütze. Die anderen nehmen an einem Wettbewerb für Fahrer teil, der Beste wird Fahrer. Die übrigen werden Ladeschützen. Ich wollte Ladeschütze werden. Ich hatte das Prinzip verstanden. Ein Freund von mir wollte ebenfalls Ladeschütze werden. Wir wollten beide weder schießen noch fahren, nichts dergleichen. Nur laden, damit hat sich's. Mein Freund sagte: »Hör zu, wenn ich schießen muss, werde ich das Fadenkreuz ein bisschen nach links rücken und das Ziel verfehlen.« Ich sagte: »Prima Idee, von selbst wäre ich nicht darauf gekommen.« Als ich mit Schießen dran war, habe ich das Fadenkreuz nach links verschoben und abgedrückt … und traf haargenau in die Mitte des Ziels. Irgendwas war schiefgelaufen. Normalerweise werden Fadenkreuz und Zielmarkierung kombiniert. In meinem Fall klappte das nicht. Dann gibt es noch etwas, das man »Self Shoot« nennt. Ich hatte die Position genau gesehen. Als mein Kommandant meinen Namen nannte, sagte er »Self Shoot«. Ich fragte: »Wieso Self Shoot?« Da sagte er, ich hätte genau das gemacht, was von mir erwartet wurde, er habe das Ziel verändert. Das war mir eine Lehre: Lüge nie! Hätte ich richtig geschossen, hätte ich das Ziel nicht getroffen. So wurde ich doch ein Richtschütze. Was bleibt mir da noch zu sagen?

Der dicke Araber

Etgar Keret

Es gibt noch eine andere Geschichte, die hier im Café während der schlimmsten Zeit der Selbstmordanschläge stattfand. Ich habe eine Angewohnheit: Ich rede viel, ich rede zu viel und nehme nicht wirklich wahr, was um mich herum geschieht. Aber meine Frau ist eine gute Beobachterin. Wir waren im Café, es war in der Zeit, in der jeden Tag Bomben hochgingen. Alle hatten Angst, es war Winter, das Lokal war fast leer. Niemand war da. Plötzlich kam jemand sehr schnell herein, man sah ihm an, dass er Araber war. Er trug einen großen Mantel, und darunter war etwas, das konnte man sehen. Meine Frau konnte es sehen, ich habe es nicht bemerkt. Im nächsten Augenblick rutschte sie schon unter den Tisch. In dem Moment machte der Mann eine Bewegung, ich sah ihn an, er zog seinen Mantel aus, und er war sehr dick. Meine Frau setzte sich wieder auf ihren Stuhl, sie war sehr verlegen und sagte: »Ich schäme mich vor diesem Mann, er hat gesehen, dass ich vor ihm Angst hatte, dabei hat er mir nichts Böses getan. Bitte geh zu ihm und entschuldige dich.« Ich sagte: »Warum soll ich zu ihm gehen? Du hast dich versteckt, ich habe nichts gemacht.« Sie sagte: »Dass du langsamer bist, macht aus dir noch keinen besseren Menschen. Ich schäme mich, zu ihm zu gehen, und du kannst dich doch gut ausdrücken. Geh zu ihm und sag ihm, dass es mir leid tut, du könntest ihn ja auf eine Tasse Kaffee einladen oder so, ich habe keine Ahnung, ich fühle mich ganz schlecht.« Ich sagte: »Okay, ich gehe zu ihm.« Ich sagte zu dem Mann: »Hören Sie zu, ich bin gekommen, um mich für meine Frau zu entschuldigen, wir hatten heute einen anstrengenden Tag, deshalb ist sie sehr nervös. Es hat nichts mit Ihnen zu tun, sie ist einfach ein bisschen daneben.« Er lächelte, er hatte ein schönes Lächeln, und sagte: »Schauen Sie, Sie hatten einen schlechten Tag, aber ich bleibe den ganzen Winter lang ein dicker Araber.« Und dann sagte er noch: »Ich warte sehnsüchtig auf den Sommer, dann sehen die Menschen, dass ich einfach nur dick bin und nichts unter meinem Mantel trage.«

Sechzig Sekunden

Tamer Nafar

Wir hatten einen jüdischen Freund, er war unser Nachbar. Wir waren wirklich gute Freunde. Abends rauchten wir zusammen Schischa. Mit achtzehn wurde er eingezogen, und wir blieben, wo wir waren. Freitags und samstags kam er immer nach Hause, dann saßen wir wieder zusammen. Eines Tages wollte er mir eine Geschichte erzählen. Wir waren angetrunken, und er sagte immer wieder: »Es ist mit den Palästinensern passiert, nicht mit dir.« Er erzählte ganz locker und witzig, wie man das unter Freunden macht, weil man sich frei fühlt. Wir erzählten uns Geschichten von früher, allgemeine Geschichten, vom Fußball, von Dingen, die am Strand passiert waren, von einem Mädchen. Dann erzählte er, als wäre es wirklich nur eine weitere Geschichte: An der Grenze müssen sie jeden kontrollieren, der kommt oder geht. Egal, ob man will oder nicht, das ist der Auftrag. Plötzlich sei ein etwa sechzigjähriger Mann mit seinem Enkelsohn gekommen, und er habe ihn angehalten. Der Mann hatte zu viel Gepäck bei sich, und die Soldaten wollten sich einen Witz mit ihm machen. Sie verlangten von dem alten Mann, in sechzig Sekunden von einer Stelle zur anderen zu rennen und wieder zurück. Sie stoppten die Zeit. Achtzehnjährige verlangen so etwas von einem Sechzigjährigen! Und sie hatten eine Stoppuhr in der Hand. Und er rannte. Sie hatten Gewehre. Er schaffte es nicht in sechzig Sekunden, und sie sagten, er solle es noch einmal versuchen. Auch beim zweiten Mal brauchte er länger als sechzig Sekunden, also setzte er sich auf den Boden. Mein Nachbar verlangte von ihm, es noch einmal zu wiederholen. Er versprach ihm, dass er ihn danach in Ruhe lassen würde. Der Mann schüttelte den Kopf. Mein Nachbar bat ihn höflich, aufzustehen, doch er stand nicht auf, also schlug er ihn ins Gesicht. Das erzählte er uns und lachte … Der Enkelsohn griff sie von hinten an, es machte ihnen Spaß, den Jungen zu treten. Jetzt sitzt er im Gefängnis, weil er einen Soldaten angegriffen hat.

Wir waren entsetzt und sagten, dass das, was er getan hatte, falsch war. Ich ging nach Hause und dachte: »Scheiße, ich hätte ihn genauso dazu zwingen müssen, zu rennen. Wir sind drei Araber und sieben Juden. Sie kontrollieren das Land, wir kontrollieren die Straßen. So ist das in diesem beschissenen Land. Also können drei Araber sieben Juden dazu zwingen, etwas zu tun, was immer es auch sein mag.« Ich rede jetzt, als wäre ich in einem Ghetto. Damals hatten wir mit unserer Band DAM eine harte Zeit, und plötzlich waren wir in den Medien, deshalb versuchten wir zu üben, ruhig zu bleiben. Wir nahmen an Workshops teil, um zu lernen, wie wir mit den Menschen umgehen sollen. Wenn wir sagen »Meine Waffe ist der

Kugelschreiber«, sollten wir auch dahinterstehen. Also benutzten wir unsere Hände nicht mehr. Stattdessen redeten wir auch dann über die Dinge, wenn wir wütend waren. Als ich nach Hause kam, wünschte ich mir, er hätte uns diese Geschichte erzählt, bevor wir beschlossen hatten, unsere Fäuste nicht mehr einzusetzen. Ich hätte ihn gezwungen zu rennen, mit der verdammten Stoppuhr in der Hand. Und warum? Ich schämte mich dafür, dass ich ihm die Möglichkeit gegeben hatte, und noch dazu das Vertrauen eingeflößt, dass er mir so eine Geschichte ruhig erzählen konnte. Bin ich so schwach? Habe ich kein Rückgrat? War ich kein stolzer Araber, dass er es wagen konnte, mir eine solche Geschichte aufzutischen? Was wäre passiert, wenn wir ihn gezwungen hätten zu rennen? Die Leute würden sagen: So ist es also, das ist die Rache. Es wäre keine verdammte Rache. Denn mich könnte man dafür vor Gericht bringen und ins Gefängnis stecken. Die Soldaten würden nie ins Gefängnis kommen. Warum? Alle würden sagen: Es ist Krieg, sie kämpfen, beide Völker kämpfen. Warum kannst du das nicht akzeptieren? Aber wie viele Israelis wurden verhaftet, weil sie Palästinenser gequält haben? Kein einziger! Gut, sie sagen, dass beide Seiten Fehler machen. Wenn ich einen Fehler mache, wie viele Araber werden dann im Gefängnis landen? Wie viele Araber wurden schon verhaftet und ins Gefängnis gesteckt? Und wie viele Israelis? Das ist der Unterschied. Okay, wir sind beide Menschen, wir können Fehler machen. Er war machtbesessen, und ich war rachsüchtig. Aber auch wenn wir das Gleiche tun würden, wäre es nicht das Gleiche. Ich trage keine Waffe.

Eine Woche später kam er wieder, als wäre nichts, fragte mich, was los sei und wollte mir die Hand geben. Ich habe seine Hand nicht genommen. Er verstand nicht, warum ich so reagierte. Ich sagte: Hau ab, sonst lasse ich dich rennen. Ich werde genau das tun, was du getan hast. Seither sprechen wir nicht mehr miteinander.

Movie Instead
Ariel Zilber

Das ist sehr verdächtig. Du bist Iraner, und, schlimmer: du bist auch Deutscher. Was hast du hier vor? Was bedeutet dein Projekt? Ich glaube nicht, dass es etwas bringt. Es gibt in Israel sieben Millionen Juden, und jeder hat eine eigene Meinung und eine eigene Geschichte.

Du willst also meine Geschichte hören. Ich bin 1943 in Tel Aviv geboren, mein Vater war Violinist beim Israelischen Philharmonieorchester. Meine Mutter war eine bekannte Sängerin. Sie war die Gründerin des künstlerischen Volkslieds. Sie stammte aus dem Jemen, mein Vater aus Lettland. Beide sind in Israel geboren. Meine Mutter hieß Bracha Tzfira. Sie war mit Einstein befreundet. Als sie starb, kamen die ganzen Sammler zu mir nach Hause. Sie nahmen das ganze Haus auseinander, um die Briefe zu finden, die sie mit ihm gewechselt hatte. Jetzt ist eine Straße in Jerusalem nach ihr benannt. Sie war berühmt.

Ich bin also in einer Familie von Musikern aufgewachsen. Das heißt, eigentlich nicht wirklich aufgewachsen, denn als ich vier war – es war das Ende des Zweiten Weltkrieges, und der Unabhängigkeitskrieg fing schon vor 1947 an – steckten sie mich in einen Kibbuz namens Gan Schmuel. Außer mir waren noch andere Jungen aus Tel Aviv da. Sie nannten uns »Yeled Chutz«, »Die Kinder von draußen«. Aber alle waren von außerhalb. Es war ein kommunistischer Kibbuz. Extrem kommunistisch. Überall hingen Bilder von Stalin, und ich kann mich erinnern, wie sie weinten, als er starb. Sie trauerten um ihn.

Also wuchs ich in einem kommunistischen Kibbuz auf, aber es war ein sehr guter Kibbuz. Ich war gern dort, weil wir frei waren. Wir konnten tun und lassen, was wir wollten. Niemand zwang uns zu irgendetwas, niemand sagte, mach dies oder jenes. In der dritten Klasse, als wir zehn Jahre alt waren, bekamen wir einen neuen Klassenlehrer. Er sagte zu uns: »Gut, ich zwinge euch nicht, am Unterricht teilzunehmen. Wer möchte, kann den Klassenraum verlassen.« Wir gingen alle raus. Er sagte: »Okay, ihr wollt nicht lernen, dann schauen wir uns also das Land an.« Wir machten viele

Ausflüge durch ganz Israel. Er sagte: »Ihr müsst nichts über Entfernungen lernen, lernt alles über Bäume, über Berge und Höhlen. Vergesst die Kilometer.« Dieser Klassenlehrer brachte mir die Liebe zum Land Israel bei.

Im Kibbuz blieb ich, bis ich vierzehn oder fünfzehn war. Danach ging ich nach Tel Aviv und wurde Punk. Ich hatte zwei oder drei Freunde. Wir machten die Nächte durch, ansonsten taten wir nichts. Wir hörten Musik, wir brachen in Wohnungen und in Geschäfte ein und klauten.

Meine Eltern steckten mich in eine Einrichtung namens Hadassim. Es war so etwas wie ein Internat für Kinder betuchter Eltern. Dort blieb ich ungefähr drei Monate lang.

In der Nähe des Meeres gibt es eine Stelle, die »Poled« genannt wird. Zu meiner Zeit, 1957 oder 1959, war dort ein militärisches Ausbildungslager. Wir gingen samstags hin und sammelten alles, was nicht explodiert war. Wir nahmen die Fundstücke mit nach Hause und spielten damit, wir brachten sie zum Explodieren. 1956 sind wir zum ersten Mal in den Sinai einmarschiert – und die Soldaten und die Offiziere sind aus dem Krieg gekommen und haben ihre Waffen und Munition in ihren Zimmern liegen lassen. In meiner Zeit im Kibbuz waren die Zimmer immer offen, und wir Kinder haben die Handgranaten und die Maschinengewehre genommen und damit gespielt. Das hat richtig Spaß gemacht. Als wir die Munition sammelten, wussten wir, was wir taten. Wir zerlegten sie und entfernten das Dynamit, und wir spielten damit. Wir legten es in Boxen und ließen es hochgehen. Das machten wir öfters. Unter meinem Bett hatte ich zwischen zehn und fünfzehn Panzergranaten. Diese Geschosse durchbrechen den Panzer und explodieren. Ich entfernte das Dynamit und ging davon aus, dass es jetzt sicher wäre. Dann kam einmal jemand in mein Zimmer, und ich schickte ihn wieder hinaus. Aber er ging nicht. Da nahm ich eine Panzergranate und warf sie auf den Boden. Das ganze Haus war kaputt. Alle rannten raus. Wir hatten Glück, dass das Haus nicht aus Zement war. Es war aus Lehm, billig gebaut, und fiel einfach in sich zusammen. Ich war der Einzige, der schwer verletzt war. Die Ärzte sagten, sie müssten meinen Unterschenkel amputieren. Ich war damals fünfzehn oder sechzehn Jahre alt.

Ich lebte weiter als Punk auf der Straße. Damals gingen alle meine Freunde zur Armee. Ich fragte mich, was ich mit meinem Leben anfangen sollte. Ich probierte vieles aus, Automechaniker, Schreiner, alles Mögliche, aber nichts gefiel mir. Ich sagte mir: »Dein Vater ist Musiker, deine Mutter ist Musikerin, deine Schwester ist Musikerin, du solltest auch Musiker werden.« Ich liebte die Musik, ich habe mein Leben lang gesungen. Ich weiß noch, wie es war, als ich Louis Armstrong hörte. Das war das erste Mal, dass ich Jazz hörte. Davor hatte ich nur klassische Musik, Opern und Rock 'n' Roll gekannt. Jazz war mir neu. Louis Armstrong war mein erster Jazzmusiker. Ich war begeistert und wollte Trompeter werden. Also besorgte ich mir eine Trompete und fing an zu spielen. Ich hatte viele Melodien im Kopf, die ganze Zeit hatte ich die Melodien im Kopf, aber ich konnte sie nicht aufschreiben. Also sagte ich mir, dass ich Noten lernen musste. Ich nahm Privatunterricht, um auf die Musikakademie zu gehen. Ich bestand die Prüfung, aber dann hieß es, dass ich nicht studieren kann, weil ich kein Abitur habe. In der Tat habe ich nichts gelernt, ich habe keine Bildung. Ich habe gefragt: »Warum kann ich nicht studieren? Was ich brauche, das habe ich gelernt.« »Aber Sie haben kein Zeugnis.« Ich sagte: »Ich brauche das nicht. Ich bleibe hier. Wollen Sie die Polizei rufen?« An der Akademie studierte ich vier Jahre lang. Ich lernte, was ich brauchte, Noten schreiben, Noten lesen. Dann fing ich an, Songs zu schreiben. Damit ging ich zu den wichtigsten Sängern in Israel. Aber niemand wollte meine Songs.

Ich dachte, vielleicht klappt es im Ausland, also ging ich nach England, das war 1967. Meine Mutter versuchte überall, meine Songs unterzubringen, sie kannte viele Leute und war beliebt. Ich blieb ein Jahr dort. Meinen Lebensunterhalt verdiente ich damit, dass ich in einem Supermarkt arbeitete, daneben versuchte ich, meine Songs an alle möglichen Musikverleger zu verkaufen. Ich probierte es und probierte es. Nach einer Weile klebte ich ein Haar über die Öffnung der Promoplatten, die ich verschickte, und stellte fest, dass sie niemand geöffnet hatte. Trotzdem sagten sie: »Ja, wir haben die Songs gehört, sie sind sehr nett, aber nichts für uns.«

Von England aus ging ich nach Paris. Ich hatte dort einen Onkel, der alle in diesem Business kannte. Er zeigte Charles Aznavour meine Songs. Der hörte sie sich an und sagte: »Ich möchte die Songs alle haben. Ich werde viel Geld dafür bezahlen, aber dann gehören sie mir, ich habe sie geschrieben.« Er wollte mir sechshunderttausend Francs geben. Das war viel Geld. Mein Onkel sagte zu mir: »Du kannst ja neue Songs schreiben.« Aber ich sagte: »Nein, solche Geschäfte mache ich nicht. Wenn er meine Songs haben will, muss er sagen, dass sie von Ariel Zilber sind.« Mein Onkel war sehr verärgert: »Du verpasst hier eine große Chance.« Ich wusste, dass viele Sänger so etwas machen, aber ich war dagegen. Das ist nicht fair. Danach ging meine Mutter zu Abbey Road. Da war Ringo Starr. Sie sagte zu ihm: »Also, ich habe einen Sohn …«, und er: »Danke, wir haben schon genug Songs. Ich danke Ihnen.« Sie hatte eine Konzertreise in Europa und zeigte Abi und Esther Ofarim meine Songs. Plötzlich bekam ich einen Anruf aus London. Sie hatten einen großen Schlager in England, *Cinderella Rockefella*. Es war die Nummer eins in den Charts. Sie sagten: »Komm zu uns und schreib uns Songs.« Sie buchten ein Zimmer mit einem Klavier im Hilton für mich. Ich begann Songs zu schreiben. Einige davon nahmen sie in ihr Programm auf. Als ich nach Frankreich zurückging, hörten die Leute, dass ich für Abi und Esther Ofarim arbeitete. Das war 1970. So fing ich an, in Frankreich zu arbeiten.

In Frankreich war das Showbusiness in jüdischer Hand. Es war eine Familie aus Tunesien. Der Marouani-Clan beherrschte die Szene. Für Israelis, die nach Frankreich kamen, war es so, wie nach Hause zu kommen. 1967 waren wir wie Götter. Wo immer wir auch hingingen, hörten wir: »Israel, Israel!« Heute ist es anders, aber damals war das eine große Sache. Sie halfen jedem Israeli, der nach Frankreich kam.

Ich machte eine Schallplatte auf Englisch, sie hieß »Movie Instead.« Ich musste Frankreich zwischendurch immer wieder verlassen, weil ich keine Aufenthaltsgenehmigung hatte. Manchmal fuhr ich nach Belgien, manchmal nach Israel. Als ich einmal nach Israel fuhr, nahm ich diesen Song mit. Ein Freund von mir hatte eine Show im Fernsehen. Er sagte: »Diese Nummer gefällt mir, komm in meine Show und singe.« Ich spielte also den Song, und am Tag danach flog ich zurück nach Frankreich. Der Song wurde ein Hit in Israel, und ich bekam es gar nicht mit.

Ich flog also zurück nach Frankreich, und ich kann mich noch erinnern, dass ich dachte: »Wirst du jetzt die ganze Zeit auf Französisch singen? Das ist nichts für dich. Ich will nicht auf Englisch singen, auch nicht auf Französisch. Es fühlt sich nicht richtig an. Ich gehe zurück nach Israel.«

Das war 1973. Zu dieser Zeit heiratete ich und bekam einen Sohn. Ich ging zurück nach Israel, drei Tage später kam er zur Welt und der Jom-Kippur-Krieg begann.

Ich sang für die Armee. Ich fuhr zu allen Einheiten und sang für sie. Ich hatte keine Gitarre dabei. Ich sang ganz einfach los. Nur meine Stimme. Es gefiel ihnen. Langsam wurde ich bekannt.

Dann kam Matti Caspi, ein berühmter Sänger, zu mir und sagte: »Warum tun wir uns nicht als Gruppe zusammen, ich, du, Schalom Chanoch, Dani Litani. Eine Supergruppe!« Denn wir waren alle ziemlich bekannt.

Daraus entstand die Gruppe »Tamuz.« Es waren dann nur noch Schalom Chanoch und ich. Zuerst ging Matti Caspi, dann Dani Litani. Wir blieben zusammen. Du kannst jeden fragen, wir wurden zum Meilenstein des israelischen Rock 'n' Roll. So fing das alles an. Dann verließ ich Tamuz, weil wir kein Geld verdienten. Wir arbeiteten ein Jahr lang wie die Wilden und schuldeten unserem Manager immer noch achtzigtausend Schekel. Ich fand es sinnlos, so hart zu arbeiten und trotzdem so viele Schulden zu haben. Ich trennte mich von Schalom Chanoch und machte eine Platte, die ein großer Erfolg wurde. Jede Schallplatte, die ich damals machte, war ein großer Erfolg.

Dann kam 1978, Sebastia. Hast du von Sebastia gehört? Sebastia war die erste Siedlung in der Westbank, von den Rechten gegründet. Für mich war das eine großartige Sache. Ich dachte: »Das sind die richtigen Zionisten. Sie leben den echten Zionismus.« Die Kibbuzim waren die ganze Zeit gegen die Siedler. Ich sagte: Die Kibbuzim sind am Ende. Was sie gemacht haben, gut und schön, alles ganz nett. Aber jetzt machen sie es nicht mehr.

Das habe ich auch der Presse gesagt, aber sie kümmerten sich nicht darum. Ich habe gemerkt, dass die Menschen um mich herum gegen »Gush Emunim« waren. Das sind die richtigen Kibbuznikim[1], sie bauen Israel auf. Wenn sie nicht da wären, wären wir alle nicht da. Die Kibbuznikim sagten: »Wir sind Israel, die Siedler sind es nicht.« Und ich sagte: »Ihr *wart* Israel. Jetzt seid ihr satt und unbeweglich.«

Damals war ich nicht gläubig. Weil die Frommen die Kibbuznikim ablehnten, hatte Rabbi Kook[2], der Oberrabbiner, gesagt: »Sie sind Israel, sie sind Juden, wir müssen sie lieben.« Zu den Kibbuznikim aber hatte er gesagt: »Wenn ihr ohne Glaube lebt, werdet ihr untergehen.« Er hat recht behalten. Schon gleich nach der Staatsgründung fingen sie an, miteinander zu streiten, weil sie nicht an Gott glaubten. Sie glaubten an nichts. Das ist es, was Rabbi Kook zu ihnen sagte: Ihr müsst glauben. Heute sind die Kibbuzim erledigt. Übrig geblieben ist nur der Name Kibbuz. Aber innerlich ist nichts geblieben, bei fast allen. Die reichen Kibbuzim gibt es noch, die weniger wohlhabenden sind untergegangen. Sie behalten ihre Namen, aber unter der Oberfläche sind sie wie die Bewohner von Tel Aviv. Sie haben die alten Ideen abgelegt.

Ich machte also Karriere, ich schöpfte aus dem Vollen, und dann kam Scharon mit der Gush Katif Sache[3]. Und davor Rabin mit dem Oslo-Abkommen. Nach dem Oslo-Abkommen explodierten Busse vor dem Dizengoff-Einkaufszentrum und auch sonst überall. Ich glaube, es war Rabin, der damals sagte, das seien die Opfer des Friedens. Und ich sagte: »Was soll das heißen? Opfer des Friedens? Etwas läuft hier falsch. Wenn es Frieden gibt, gibt es keine Opfer. Beides zusammen ist unmöglich.« Davor hatte ich volles Vertrauen in die Regierung. Ich dachte, was sie tun, ist gut für uns. Aber als ich das gesehen habe, dachte ich, das ist alles ganz falsch. Ich wurde auf den rechten Flügel aufmerksam. Davor haben diese Leute mich nicht interessiert. Die Regierung behauptete, alle Probleme würden von den Siedlungen in der Westbank verursacht, deshalb hätten wir Krieg. Ich sagte: »Nein, wir hatten schon vor hundert Jahren Krieg. Es ist nicht wegen der Siedler.« Aber das war die Doktrin der Linken, die die Kontrolle über das Fernsehen und die Presse hatten. Das war damals so, und heute ist es immer noch so. Ich weiß nicht, ob die Linken noch alles unter Kontrolle haben, aber wenn du rechtsorientiert bist, hast du keine Chance, im Fernsehen aufzutreten. Das lassen sie nicht zu. Man kann im Fernsehen nicht sagen, dass die Siedlungen gut sind. Das ist nicht erlaubt. Ich werde boykottiert.

Ich fing an aufzuhorchen, was sie im Fernsehen von sich gaben, und sagte: »Nein, das stimmt nicht.« Sie sagten, alle Menschen, die in der Westbank leben, wären Kriminelle. Sie hassten Israel, sie wären gegen Israel, sie wollten alle töten. Und das konnte nicht stimmen. Ich sagte nein. Ich ging hin, um es selbst zu sehen und zu verstehen. Sie sind Juden, sie lieben Israel, sie lieben alle Juden in der Welt. Und sie lieben das Gesetz mehr, als es die Menschen in Tel Aviv tun.

Danach kam Scharon. Alle stimmten für Scharon, weil sie dachten, er gehöre zum rechten Flügel. Doch plötzlich machte er eine Kehrtwende. Keiner verstand, warum er das tat. Also beschloss ich, nach Gaza zu ziehen. Als Scharon sagte, wir verlassen Gaza, zog ich hin. Die Leute vom Radio wollten mich die ganze Zeit interviewen, weil ich witzig bin. Aber ich war ernst geworden. Also sagten sie, ich solle doch nicht so ernst sein. »Was ist los mit dir, Ariel?« Ich sagte: »Was Scharon macht, ist falsch, und ich werde in Gaza leben und gegen die Evakuierung kämpfen.« Danach boykottierten sie mich. Über Yigal Amir, den Mann, der Rabin ermordet hat, sagte ich: »Ich glaube nicht, dass er ihn ermordet hat, ich glaube, dass das von Peres arrangiert war.« Denn weißt du, der Mord an Rabin hat alle Rechten unter Generalverdacht gestellt. Immer heißt es: »Ihr seid Mörder, ihr habt Rabin ermordet.« Das stimmt nicht. Was ist mit all den Demonstrationen, die es schon vor dem Mord an Rabin gegeben hat? Wer hat denn die Poster mit »Tötet Rabin« angeklebt? Das war der Geheimdienst, nämlich Schin Bet[4]. Verstehst du? Sie zeigten Rabin in einer deutschen Uniform mit dem Hakenkreuz. Ein Mitarbeiter des Geheimdienstes hat das gemacht. So geht es doch die ganze Zeit. Yigal Amir ist einer vom Geheimdienst. Vom Geheimdienst bekommt er jeden Monat Geld. Das Geld wird aufs Konto seiner Mutter überwiesen. Er muss sich um Geld keine Sorgen mehr machen. Da läuft doch was falsch. Und ich sage, wenn Yigal Amir Rabin ermordet hat, muss er wie ein Mörder behandelt werden. Denn sie behandeln ihn anders. Sie wollen Rache. Und ich sage, wenn er ein Mörder ist, dann behandelt ihn auch wie einen. Wenn er lebenslänglich bekommt, das sind hier fünfundzwanzig Jahre, dann soll er lebenslänglich bekommen. Zweimal lebenslänglich, dreimal. Aber lasst ihn nicht in Einzelhaft. Er darf überhaupt nichts machen. Das ist nicht fair.

Die Presse hat zu mir gesagt: »Sie sind froh, dass Rabin tot ist.« Das war ein sehr bekannter Fernsehmoderator. Er hat meine Platten in der Show genommen, auf seinem Knie zerbrochen und in die Mülltonne geworfen. Die Musikläden haben meine Platten zurückgeschickt. Sie wollten sie nicht mehr verkaufen. Seit fünf Jahren verkaufe ich nur noch online. Sie boykottieren mich. Sie wollen im Radio meine Songs nicht mehr spielen. Nichts.

Sie sagen, dass ich verrückt bin, aber meiner Meinung nach sind *sie* verrückt. Du kannst mit jedem auf der Straße sprechen, und alle werden sagen: »Ariel hat recht.«

Ich habe vor Gaza zu den Menschen gesagt: »Passt auf, hinterher wird es euch leidtun. Dann werden alle Kibbuzim in der Umgebung die Raketen der Hisbollah abbekommen. Früher haben es die Siedler abbekommen, aber wenn sie nicht mehr da sind, um euch zu verteidigen, fallen die Raketen auf euch.« Aber sie haben gesagt: »Nein, nein, danach wird es Frieden geben.«

Ich habe ungefähr ein halbes Jahr in Gaza gelebt. Die Armee hat damals ungefähr zehntausend Siedler aus Gaza abtransportiert. Danach bin ich gläubig geworden. Nach der Geschichte in Gaza. Ich sagte mir: »Warum kämpfe ich für dieses Land? Ich bin hier, weil dies mein Land ist.« Darüber verhandle ich nicht. Warum ich kämpfe? Weil ich Jude bin. Ich bin hier und muss tun, was Gott uns auferlegt hat. Den Schabat bewahren, die 613 Gebote beachten, denn diese Gebote haben wir von Gott bekommen.

Die israelische Regierung ist antijüdisch. Sie ist antireligiös. Auch die rechtsorientierten Minister. Sie lieben die Juden nicht. Sie mögen die Frommen nicht. Wenn Herzl jetzt hierherkäme, es würde ihn der Schlag treffen, wenn er sähe, wie viele Fromme es hier gibt. Sie haben an Traditionen geglaubt, wollten das Land beschützen, den Boden bestellen und ein bisschen beten.

Das Einzige, was mich jetzt interessiert, ist, das Land zu einen. Das ist mein einziges Ziel. Sonst interessiert mich nichts. Wir streiten uns innerhalb der religiösen Gruppen und innerhalb der nichtreligiösen Gruppen, wir haben so viele Gruppen und Untergruppen. Das finde ich sehr schlecht. Weißt du, ich glaube etwas, was alle Propheten gesagt haben, auch Moses: Wenn man eins ist, wird es keinen Feind mehr geben. Das ist es, worum wir uns bemühen.

Ich möchte nicht mit Arabern reden. Nichts. Wir führen Krieg gegeneinander. Egal, wie man es nennt, wir befinden uns im Krieg mit ihnen. Sie sind von Israel abhängig. Wenn wir nicht hier wären, wären sie auch nicht hier. Sie arbeiten in Israel, sie verdienen ihren Lebensunterhalt in Israel. Sie werden mit israelischem Geld bezahlt. Andere Einkünfte haben sie nicht. Sie könnten nicht existieren, wenn sie sich nur gegenseitig Arbeit geben müssten. Und das wissen sie auch.

In der Bibel gibt es einen Spruch, der sagt: »Lo Tachonem«, das bedeutet: Gebt ihnen keinen Ort, sich niederzulassen.[5] Wenn man ihnen einen Finger reicht, nehmen sie die ganze Hand. Wenn man ihnen Arbeit gibt, gibt man ihnen auch die Möglichkeit, hier zu leben, sie bauen Häuser und machen sich breit. Wenn wir ihnen nichts geben, werden sie gehen, weil sie ursprünglich nicht von hier sind. Sie kommen aus Syrien, Ägypten und anderen Ländern. Nur eine kleine Minderheit stammt tatsächlich von hier. Ich glaube, das Ganze hängt von uns ab. Nur von uns. Und es gibt viele Chachamim in Israel, weise Männer, die sagen: »Laut der Bibel spielen die Araber, unsere Feinde, hier eine große Rolle. Sonst wären sie nicht hier.« Weil wir glauben, dass alles passiert, weil Gott es so will. Weil es sonst anders wäre. Also spielen sie eine Rolle, und ihre Rolle ist, Israel zusammenzuhalten. Ich glaube, wenn es die Palästinenser nicht gegeben hätte, wäre der Staat schon längst auseinandergebrochen.

Heute bin ich ein frommer Mann. Ich gebe Konzerte, und die Menschen kommen und hören meine Musik. Nicht nur fromme Menschen. Sie mögen meine Musik. Das Gebot sagt: »Du sollst deinen Gott lieben.«

Wenn du Gott liebst, musst du auch seine Söhne lieben. Ich kann also niemanden hassen. Das ist gegen das Gesetz.

1 Kibbuznikim sind die Mitglieder des Kibbuz.
2 Rabbi Kook war der erste Großrabbiner des Völkerbundmandates für Palästina.
3 Gush Katif war ein Block von sechzehn jüdischen Siedlungen im Süden des Gazastreifens mit knapp 7000 Bewohnern. Im Rahmen des Rückzugs Israels aus dem Gazastreifen wurden die Siedlungen im August 2005 vollständig geräumt.
4 Israelischer Inlandsgeheimdienst.
5 5. Mose 7, 2 da steht: dass du keinen Bund mit ihnen machest noch ihnen Gunst erzeigest.

Denn auch die Steine werden schreien

Dani Karavan

Ich habe den Auftrag bekommen, die Wand für die Knesset zu gestalten. Mit Stein hatte ich wenig Erfahrung, ich habe es trotzdem riskiert, und herausgekommen ist diese große Steinwand, die du dort sehen kannst. Sie ist seit 1966 da und sieht immer noch so aus, als wäre sie gestern entstanden. Niemand sagt, das Ding ist alt, da sollte vielleicht mal was Neues hin. Für mich war dieses Projekt sehr wichtig. Nicht wegen der Knesset. Sondern weil das das Herz des Landes ist, und auch ein Ort, an dem gearbeitet wird. Als Tourist sollte man hineingehen, man bekommt einen unvergesslichen Eindruck. Und die Menschen, die dort arbeiten, sollte die Wand nicht stören. Beide Aspekte funktionieren sehr gut. Obwohl manche nicht wissen, dass diese Wand ein Kunstwerk ist. Letztes Jahr habe ich ein Interview gegeben. Ich sagte, ich hätte nicht übel Lust, wegen dieser Politik meine Wand aus der Knesset zu entfernen. In der Bibel steht: »Denn auch die Steine in der Mauer werden schreien«, und ich sagte: »Sie können nicht schreien, sie fallen auch nicht aus der Mauer heraus. Also muss man sie entfernen.« Es gab einen riesigen Skandal, und ich sagte: »Gut, ich verstehe, dass man die Mauer nicht entfernen kann, aber ich würde sie gerne verhängen. Solange, bis die Knesset wieder so ist, wie sie damals war, als ich die Wand gestaltet habe. Die Unabhängigkeitserklärung ist eine Erklärung der Menschenrechte. Hier geht es wirklich um Menschenrechte. Sie sind verschwunden. Die Menschenrechte existieren nicht mehr. Deshalb möchte ich die Wand abdecken, bis sie wiederhergestellt sind.« Ich weiß, dass man die Wand nicht abdecken wird, aber ich wollte ein politisches Zeichen setzen.

Atombomben und Besatzungszionisten

Yaron Herman

Auch wenn man sich die größte Mühe gibt, kann man die Realität nicht leugnen. Die Realität wird dir immer wieder ins Gesicht schlagen. Schließlich siehst du die Nachrichten, du lebst mittendrin, vielleicht explodiert eine Bombe zehn Meter von deinem Haus entfernt. So etwas ist neben meiner Schule passiert, auf der anderen Straßenseite. Es ist schrecklich, so aufwachsen zu müssen. Aber irgendwie formt es den Charakter. Deshalb sind die Israelis so taff. Sie haben das Schlimmste erlebt. Über Jahrhunderte. Und jetzt muss man nach vorn schauen. Denn wenn man darüber nachdenkt und sich ständig beklagt, ist alles aus. Du musst in Bewegung bleiben, du musst kreativ sein, du musst die Misere durch Kreativität kompensieren.

Ich mache mir keine Illusionen über das, was passieren muss, damit die Lage besser wird. Mit Sicherheit wird es nicht durch die Politik passieren, sondern durch Dinge wie das, was wir hier machen. Oder dadurch, dass die Menschen aufhören, sich von den Medien manipulieren und sich einreden zu lassen, wie die anderen sind. Du hast gesagt, dass du Iraner bist. Als du das Wort Iran gesagt hast, hatte ich sofort die Assoziation, die von den Medien in meinem Land produziert wird: Iran, das heißt

Atombombe, Krieg, sie wollen dich töten, entführen, dich in zwei Hälften schneiden und an die Hisbollah verkaufen. Das ist im Prinzip das, was ich denke. Und wenn Sie zu jemandem Israel sagen, sind die Assoziationen: Kindermörder, Besatzungszionisten und dergleichen mehr. Wir haben grundsätzlich keine intellektuelle Unabhängigkeit. Wir werden von Kindesbeinen an einer Gehirnwäsche unterzogen. Wir haben eine Vorstellung, die automatisch mit einem Wort zusammenhängt, mit einer Idee, mit allen möglichen Assoziationen, die stärker sind als der Intellekt. Wie soll man das bekämpfen, solange es keine ernsthafte Erziehung gibt, denn wenn man sieht, wie in einigen arabischen Ländern die Juden präsentiert werden, fragt man sich, wie es je Frieden geben kann. Natürlich trinken wir das Blut palästinensischer Kinder, ja, so werden wir dargestellt, wie verdammte psychopathische Monster, wie Teufel. Das ist irrsinnig. Es liegt noch sehr viel Arbeit vor uns.

Das Seil

Judith Rothem

Ich denke, wir sollten etwas sehr Mutiges riskieren. Ja, wir sollten es riskieren. Denn wenn wir nichts riskieren, werden wir nichts erreichen. Vielleicht sollten wir einen anderen Weg gehen. Es gibt eine Geschichte über den Baal Schem Tow. Das war ein berühmter chassidischer Rabbi. Israel Baal Schem Tow, übersetzt heißt es: Israel, der Mann mit dem guten Ruf. Eines Tages, als er mit seinen Schülern zusammensaß, wurde er gefragt: »Rabbi, sag uns, wie wir bessere Juden werden können. Wie wir Gott näherkommen können.« Und er antwortete: »Was wollt ihr von mir? Wie soll ich das wissen?« Und sie beharrten: »Nein, nein, du weißt es.« Dann gab er nach und sagte: »Gut, ich erzähle euch eine Geschichte. Ein König hatte zwei sehr gute Freunde. Eines Tages erfuhr er, dass sie eine Untreue begangen hatten, die Strafe sollte sehr streng sein, sie sollten getötet werden. Aber er liebte sie, deshalb beschloss er etwas anderes. Er ließ ein langes Seil zwischen zwei Punkten ziehen, darüber sollten sie gehen, wie im Zirkus. Wer das Seil überquere und nicht hinunterfalle, der solle am Leben bleiben. Der erste betrat das Seil und überquerte die Strecke, ohne hinunterzufallen. Er blieb am Leben. Sein Freund fragte ihn: ›Moische, wie hast du das geschafft? Wie hast du es geschafft, nicht vom Seil zu fallen?‹ Er sagte: ›Ich weiß es nicht, aber als ich merkte, dass ich fallen würde, habe ich das Gewicht auf die andere Seite verlagert.‹ Das war sein Ratschlag.«

Das ist es, was ich sagen will. Wir gehen auf einem Seil. Das Seil ist sehr dünn. Und wir kommen nirgendwo an, wir können nur hinunterfallen. Wenn wir aber eine deutliche Bewegung hin zur anderen Seite machen, werden wir vielleicht gerettet.

Lia van Leer

Hier in Jerusalem spielt alles, was du tust, eine Rolle. Allein deine Anwesenheit in der Stadt. Einer unserer Propheten sagte: »Wenn ich nicht für mich bin, wer ist dann für mich, und wenn ich für mich selbst bin, was bin ich dann?«

Nati Ravitz

Ich schaue mir die Nachrichten nicht an. Ich kann das nicht. Ich habe nichts damit zu tun. Ich lese lieber ein Buch oder gehe Fußball spielen.

Kurzbiographien

Alex Anski, S. 13

*1939 in Sofia. Theaterschauspieler und Radiomoderator bei der offiziellen Radiostation der israelischen Armee.

Uri Avnery, S. 18

*1923 in Beckum als Helmut Ostermann, ist Journalist, Schriftsteller und Friedensaktivist. Zwischen 1965 und 1981 war er insgesamt zehn Jahre Parlamentsabgeordneter in der Knesset. 1973 begründete Avnery die Friedensinitiative »Gush Shalom«.

Mohammad Bakri, S. 77, 101

*1953 in Bi'ina im Norden Israels, studierte Schauspiel und Arabische Literatur an der Universität Tel Aviv. Er begann seine Schauspielkarriere im Habima Theater in Tel Aviv, trat aber auch in zahlreichen Filmen im In- und Ausland auf. 2002 drehte er seinen Dokumentarfilm *Jenin, Jenin.* Darin kommen Bewohner des gleichnamigen Flüchtlingscamps zu Wort, in dem die israelische Armee ein Massaker angerichtet haben soll. Der Film wurde nach nur drei Ausstrahlungen in Israel verboten. 2004 wurde der Bann aufgehoben, allerdings kann der Film nur mit dem offiziellen Aufdruck »propagandistische Lüge« vertrieben bzw. gezeigt werden.

Ehud Banai, S. 91

*1953 in Jerusalem, ist Sänger und Liedermacher. Banai entstammt einer persischstämmigen Familie von Künstlern. Nach dem Dienst in der israelischen Armee zog er nach London, wo er in U-Bahn-Stationen musizierte. Er ist einer der beliebtesten Musiker Israels und wird oft mit Bob Dylan verglichen.

Micha Bar-Am, S. 11

*1930 in Berlin, Fotograf und seit 1968 Mitglied der Fotoagentur Magnum. Bis 1992 Israel-Korrespondent und leitender Fotograf der New York Times. In seinen bekanntesten Bildern hielt er neben dem Kampfgeschehen im Sechstagekrieg auch das alltägliche Leben dieser Zeit fest. Im Jahr 2000 wurde ihm für seine Arbeit der Israel-Preis verliehen.

Israel Bar-Kohav, S. 60

*1950 in Ramat Gan, studierte Psychologie und Philosophie und begann früh, erste Gedichte zu verfassen. Heute ist er in Israel ein angesehener Lyrik- und Prosaautor. Er arbeitet zudem als Gestaltpsychologe und Dozent für kreatives Schreiben.

Almog Behar, S. 115

*1978 in Netanja, ist ein jüdischer Lyriker, Schriftsteller und politischer Aktivist irakischer Herkunft. Er schreibt sowohl in Hebräisch als auch in Arabisch. Er setzt sich dafür ein, dass israelische Juden aus dem arabischen Raum wieder ihre alte Sprache Arabisch pflegen, nicht zuletzt, um die Beziehung zu den Palästinensern zu verbessern. Behar lebt und arbeitet in Jerusalem.

Sarah Blau, S. 47, 92

*1973 in der ultraorthodoxen Stadt Bnei Brak, studierte Geschichte und Psychologie an der Bar Ilan Universität. In Beiträgen fürs Fernsehen beschäftigt sie sich mit dem Blick der orthodoxen Gemeinschaft auf Religion und Feminismus. Sie lehrte am Institut für Holocaust-Studien in Haifa. Blau gilt als eine der prominentesten Stimmen der jungen orthodoxen Literatur Israels.

Yuda Braun, S. 84, 112

*1984 in Toronto, Kanada, ist Performancekünstler. Braun wuchs in Ginot Shomron im Westjordanland auf. Mit vierzehn Jahren begann er ein Studium an der »Dvir-Third Temple Academy«, eine Schule, die es sich zum Ziel setzt, den Dritten Tempel im Sinne der Tora wieder zu errichten. Er diente in der »Golani Brigade«, einer Eliteeinheit der israelischen Armee. Mit seiner Performance der Figur des »White Soldier« erregt er seit einigen Jahren großes Aufsehen. Er patrouilliert dabei, von Kopf bis Fuß weiß angemalt, in Armeemontur mit Plastikgewehr durch Jerusalem und das Westjordanland. Die Dokumentation *White Soldier* von Danielle Zini wurde auf vielen Festivals gezeigt.

Orly Castel-Bloom, S. 44

*1960 in Tel Aviv, studierte Filmwissenschaften. Viele Buchveröffentlichungen seit 1987 mit skurrilen, schrägen Schilderungen des Lebens in Israel. Ihr surrealistischer Großstadtroman *Dolly City* von 1992 wurde mehrfach ausgezeichnet und in die *UNESCO Collection of Representative Works* aufgenommen.

Scandar Copti, S. 58, 121

*1975 in Jaffa, ist Filmemacher arabisch-christlicher Herkunft. 2009 drehte er gemeinsam mit Yaron Shani das Drama *Ajami*, das in einem Vorort Jaffas spielt und in dem nur Laiendarsteller mitwirken. Der Film wurde national wie international ausgezeichnet und als israelischer Beitrag für den Oscar des Besten Fremdsprachigen Films nominiert. Copti wehrte sich jedoch dagegen, auf diese Weise als Repräsentant Israels zu fungieren, was landesweit zu Protesten führte.

Moshe Dor, S. 14

*1932 in Tel Aviv, gilt als einer der prominentesten Lyriker Israels. Träger des Bialik-Preises. Ehemaliger Präsident des P. E. N. Israel.

Alex Epstein, S. 83

*1971 in St. Petersburg, ist ein für seine Kürzest-Geschichten bekannter Schriftsteller. Bisher veröffentlichte er drei Novellen und vier Bände mit Kurzgeschichten.

Tomer Ganihar, S. 74

*1970 in Tel Aviv, arbeitet als Fotograf in Tel Aviv und New York. 2007 waren seine Arbeiten, die sich mit der Jugendkultur Israels beschäftigen, im internationalen Pavillon der Biennale in Venedig zu sehen. Fotografien von Ganihar befinden sich in privaten und öffentlichen Sammlungen.

Tomer Gardi, S. 52, 105

*1974 im Kibbuz Dan in Galiläa, ist Autor und politischer Aktivist. Er war Herausgeber von »Sedek: A Journal on the ongoing Nakba«, ein Projekt der israelisch-jüdischen Initiative *Zochrot*, die das Thema der Vertreibung der Palästinenser im öffentlichen Diskurs verankern will. Für seinen literarischen Essay *Stein, Papier*, 2011 in Israel, 2013 auf Deutsch erschienen, wurde er von der israelischen Rechten stark kritisiert.

Israel Har'el, S. 26, 40, 57, 102, 110

*1938 in Czernowitz, damals Großrumänien, heute Ukraine, Mitbegründer der rechtsgerichteten, ultranationalistischen, messianischen Bewegung »Gush Emunim«, deren Ziel die Errichtung von Siedlungen im Westjordanland ist, sowie der Vereinigung der jüdischen Gemeinden in Judäa, Samaria und Gaza, deren Vorsitzender er bis 1995 war. Er arbeitet als Kolumnist für die linke Tageszeitung *Haaretz* und ist Gründer des Instituts für religiösen Zionismus am Shalom Hartman Institute.

Yaron Herman, S. 104, 144
*1981 in Tel Aviv, ist Jazzpianist. Im Alter von neunzehn Jahren begann er ein Studium am Berkeley College of Music in Boston. Mit seiner Theorie der musikalischen Improvisation war er Dozent bei einer Vorlesungsreihe an der Pariser Sorbonne. Herman tourt weltweit und lebt in Paris.

Abraham B. Jehoshua, S. 17
*1936 in Jerusalem, gehört zu den bekanntesten und beliebtesten Schriftstellern Israels. Kämpfte im Sechstagekrieg als Fallschirmjäger und im Sinai-Krieg. Er hat es sich zur Aufgabe gemacht, zwischen Israelis und Arabern zu vermitteln. Jehoshua lebt in Ramat Gan.

Ben Kadishman, S. 113
*1964 in London, ist Maler und Filmemacher. Er übersiedelte 1972 zu seinem Vater Menashe Kadishman nach Tel Aviv und studierte Kunst an der School of Visual Arts NYC und der Bezalel Academy in Jerusalem.

Yoram Kaniuk, S. 33
*1930 in Tel Aviv, †2013 ebenda, war Schriftsteller, Maler und Journalist. Im Alter von siebzehn Jahren kämpfte er in der Palmach unter Jitzchack Rabin. Später diente er auf einem Schiff, das Holocaust-Überlebende nach Israel brachte. Sein bekanntester Roman, *Adam Hundesohn* (1968), wurde 2008 von Paul Schrader als *Ein Leben für ein Leben* mit Jeff Goldblum und Willem Dafoe verfilmt.

Dani Karavan, S. 34, 143
*1930 in Tel Aviv, ist ein international renommierter Bildhauer und Land-Art-Künstler. 1966 erhielt Karavan den Auftrag, die Wand im Sitzungssaal der Knesset in Jerusalem zu gestalten. 2012 wurde das Mahnmal für die von den Nationalsozialisten ermordeten Roma und Sinti in Berlin eingeweiht, an dem Karavan seit 2005 gearbeitet hatte.

Etgar Keret, S. 78, 109, 130

*1967 in Ramat Gan, ist einer der bekanntesten israelischen Schriftsteller. Seine Bücher sind Bestseller in Israel und in viele Sprachen übersetzt. 2007 drehte er mit seiner Frau, Shira Geffen, den Film *Jellyfish – vom Meer getragen.*

Shula Keshet, S. 71

*in Tel Aviv, ist Künstlerin. Seit 2006 leitet sie »Achoti for women in Israel«, eine feministische Organisation, die kulturell, sozial und ökonomisch unterprivilegierten Frauen eine Stimme gibt.

Sigalit Landau, S. 85

*1969 in Jerusalem, ist Bildhauerin und Videokünstlerin. Sie lebte viele Jahre in England und den Vereinigten Staaten. Ihre vielbeachtete Videoarbeit »Barbed Hula« aus dem Jahr 2000 zeigt sie nackt am Strand von Tel Aviv mit einem Hula-Hoop-Reifen aus Stacheldraht. Landau arbeitet in ihrem Studio in Tel Aviv.

Samuel Maoz, S. 69, 81, 96, 123

*1962 in Tel Aviv, absolvierte eine Ausbildung zum Kameramann und ist Regisseur von Dokumentarfilmen und Fernsehserien sowie fürs Theater. Einem internationalen Publikum bekannt wurde er durch sein Spielfilmdebüt *Lebanon* (2009), welches aus dem Inneren eines Panzers den Libanon-Krieg von 1982 erzählt und das ihm als erstem israelischen Filmemacher den Goldenen Löwen der Filmfestspiele von Venedig einbrachte.

Amal Murkus, S. 88

*in Kafr Yasif in Galiäa, ist eine christlich-palästinensische Sängerin und Radiomoderatorin. Sie tritt regelmäßig im israelischen Fernsehen auf. Murkus arbeitete vor dessen Tod oft mit Mahmoud Darwish zusammen.

Tamer Nafar, S. 59, 107, 131

*1979 in Lod, ist ein palästinensisch-israelischer Musiker. Die Texte seiner Band DAM beschäftigen sich mit dem palästinensisch-israelischen Konflikt und dem Kampf für Gleichberechtigung von Palästinensern sowie arabischen Israelis.

Orly Noy, S. 63

*1970 in Teheran, flüchtete in den Wirren der iranischen Revolution 1979 mit ihrer Familie nach Israel. Sie ist Menschenrechtsaktivistin und übersetzt persische Bücher ins Hebräische.

Amos Oz, S. 35

*1939 in Jerusalem, ist einer der berühmtesten Schriftsteller Israels. Er ist Mitbegründer der politischen Bewegung »Schalom Achschaw«, »Peace Now«. Oz ist der Großneffe des bedeutenden zionistischen Gelehrten Joseph Klausner. Im Alter von vierzehn Jahren, nach dem Tod seiner Mutter, verließ Oz seine Famile, legte den Namen Klauser zugunsten des Namens Oz (Kraft, Stärke) ab und zog ins Kibbuz Hula. Amos Oz lebt heute in Tel Aviv. Seine Bücher wurden in sechsunddreißig Sprachen übersetzt.

Ruth Peled-Ney, S. 15

*1930 in Tel Aviv, †2014 ebenda, studierte Malerei und Bildhauerei. Sie war als Psychologin tätig und veröffentlichte Romane und wissenschaftliche Bücher.

Hava Pinhas-Cohen, S. 67, 86

*1955 in Jaffa, ist Lyrikerin. 2007 gründete sie »Kisufim«, eine internationale Konferenz jüdischer Schriftsteller, die in unregelmäßigen Abständen in Jerusalem abgehalten wird.

Nati Ravitz, S. 147

*1967 in Eilat, ist ein israelischer Schauspieler.

Ze'ev Raz, S. 67

*1947 im Kibbuz Geva, war von 1967 bis 1990 aktiver Kampfpilot der israelischen Armee. Er war Befehlshaber der Flugstaffel, die 1980 den irakischen Atomreaktor »Osirak« zerstörte. Raz berät die israelische Luftfahrtindustrie als Senior Consultant.

Asher Reich, S. 45

*1937 in Mea Shearim, dem orthodoxen Viertel Jerusalems, ist Schriftsteller und Lyriker. Im Alter von achtzehn Jahren verließ er die religiöse Gemeinschaft und diente zwei Jahre in der israelischen Armee. Er studierte Hebräische Literatur und Philosophie und wurde für sein Werk mit vielen Preisen geehrt. Reich lebt in Tel Aviv.

Judith Rothem, S. 38, 49, 145

*1942 in Budapest. Aufgewachsen in einer ultraorthodoxen Famile. Sie ist eine vielbeachtete Schriftstellerin. Ihre Bücher wurden in zahlreiche Sprachen übersetzt.

Ayman Sikseck, S. 54, 62, 89

*1984 in Jaffa, ist Palästinenser mit israelischer Staatsbürgerschaft. Er studierte an der Jerusalemer Hebräischen Universität Vergleichende Literaturwissenschaften und veröffentlicht Aufsätze und Essays. Zudem verfasste Sikseck über mehrere Jahre hinweg die Kolumne »Jaffa-Tel Aviv«, die im Feuilleton der renommierten Tageszeitung *Haaretz* erschien. Mit *Reise nach Jerusalem* hat er einen ersten Roman vorgelegt.

Ronny Someck, S. 56

*1951 in Bagdad, kam schon als Kind nach Israel und studierte später Hebräische Literatur, Philosophie und Kunst. Someck ist heute ein vielfach mit Preisen ausgezeichneter Schriftsteller, Künstler und Ausstellungsmacher.

Mohammad Ali Taha, S. 45, 110

*1941 im Dorf Miaar im Norden Israels, das während des Unabhängigkeitskrieges 1948 von der israelischen Armee zerstört wurde. Taha arbeitete lange Jahre als Lehrer für Arabisch, bevor er begann, Kurzgeschichten und Novellen zu schreiben.

Micha Ullman, S. 30

*1939 in Tel Aviv, studierte Kunst in Jerusalem und London. Er schuf unter anderem das Denkmal zur Erinnerung an die Bücherverbrennung auf dem Bebelplatz in Berlin. 2009 wurde ihm der Israel-Preis verliehen. Ullman lebt und arbeitet in Ramat Hasharon.

Lia van Leer, S. 147

*1924 in Bălţi, ehemals Rumänien, jetzt Moldawien, reiste in den Anfängen des Staates Israel mit ihrem Mann und dem damals einzigen Filmvorführgerät durchs Land und zeigte Filme. Gründerin der Haifa und der Jerusalem Cinemathèque. Gründerin des Jerusalem Film Festival. Lia van Leer lebt in Jerusalem.

Ariel Zilber, S. 134

*1943 in Tel Aviv, ist Sänger, Liedermacher und Komponist. Zilber erlangte in den 1960er Jahren Berühmtheit in Europa. In den 70er Jahren kehrte er nach Israel zurück, wo er seine Karriere fortsetzte. Als Ariel Scharon 2005 den Rückzug aus dem Gazastreifen beschloss, zog Zilber dorthin und unterstützte die Siedler in ihrem Widerstand gegen die israelische Armee. Er gilt als Verfechter des Transfers arabischer Israelis aus Israel ins Westjordanland. Wegen seiner ultranationalistischen Haltung wird er in Siedlerkreisen gefeiert und von der israelischen Intelligenzija ignoriert. Seine Musik jedoch wird nach wie vor in allen Schichten geliebt.

Shimon Zimmer, S. 68

*1950 in Haifa, arbeitete lange Jahre als Theaterschauspieler, bevor er begann, Stücke fürs Theater zu schreiben. Außerdem veröffentlichte er Novellen und Kurzgeschichten. Im Jahr 2005 wurde er mit dem »Prime Minister's Prize« ausgezeichnet.

Bilderläuterungen

Der israelische Soldat Gilad Schalit, von 2006 bis 2011 in Gefangenschaft der Hamas. Darunter: »Frohes Pessachfest«. Das Fest erinnert an die Befreiung der Israeliten aus ägyptischer Sklaverei.

Theodor Herzl schrieb in seinem 1902 erschienenen utopischen Roman *Altneuland* über die Gründung eines Staates Israel: »Wenn ihr wollt, ist es kein Märchen«. Unter seinem Portrait an dieser Wand steht: »Wenn ihr nicht wollt, dann eben nicht.«

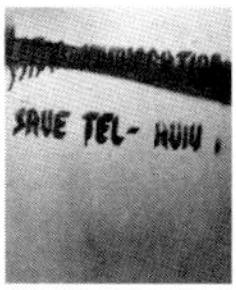

Stop Immigration – Save Tel Aviv. Der Süden Tel Avivs, insbesondere das Stadtviertel Ne'eve Scha'anan, ächzt unter dem Andrang von Flüchtlingen aus dem Sudan und Äthiopien. Sie werden an inoffiziellen Anlaufstellen wie dem Lewinski-Park in der Gegend um den alten Busbahnhof quasi ausgesetzt und sich selbst überlassen. Seit Jahren gibt es Proteste der überwiegend mizrachischen Bevölkerung, die Stadtverwaltung ändert jedoch nichts an der für alle Seiten belastenden Situation.

Das Akronym »Zahal« steht für die israelischen Verteidigungsstreitkräfte.

»Bibi ist nur für die Reichen gut«.
Anti-Netanyahu-Wahlplakat 2013.

Dürers Nashorn, darunter der Satz:
»Das fehlt uns noch.«

Im Juli 2011 begannen am Rothschild Boulevard in Tel Aviv Proteste für mehr soziale Gerechtigkeit und eine Entspannung am Wohnungsmarkt, die sich schnell über das ganze Land ausbreiteten. Tausende Protestler wohnten wochenlang in Zelten, um auf ihre Situation aufmerksam zu machen.

Auf einem Stromkasten in West-Jerusalem steht: »Lieberman (israelischer Verteidigungsminister) ist ein iranischer Agent«.

Über dem Bild eines Transformers steht geschrieben: »Ilya ist nicht beschnitten«.
Nach dem Zusammenbruch der Sowjetunion Ende der 1980er Jahre hatten russische Juden die Möglichkeit, nach Israel einzuwandern. Ihr Anteil ist seitdem auf etwa 14 % der Gesamtbevölkerung gestiegen. Böse Zungen behaupten, viele der Einwanderer hätten sich als Juden ausgegeben, um emigrieren zu können.

Wandzeitung in Mea Shearim. Ultraorthodoxe Juden dürfen weder fernsehen noch Radio hören. Daher werden die für die religiöse Gemeinschaft wichtigen Nachrichten über Wandzeitungen verbreitet.

Dank

Am Entstehen dieses Buches sind etliche Menschen beteiligt, denen ich danken möchte.

Laura für ihre Liebe, Aufmerksamkeit und Geduld.

In memoriam meinem Freund und Mentor Hans Pieler, der mich inspirierte und immer kritisch begleitete.

Mark Giannori, der über Jahre hinweg viele Tage und Nächte mit mir den Kern dieses Projektes umkreiste.

Ulrich Schreiber, der mich zu jeder Tages- und Nachtzeit mit seinen Kontakten in die Literaturwelt versorgte, und Joachim Sartorius für den Zuspruch.

Ohne die unermüdliche Hilfe von Israel Bar-Kohav vor Ort wäre dieses Buch nicht zu dem geworden, was es ist. Er hat alle Hebel in Bewegung gesetzt und viele Hürden geebnet.

Das Prinzip des offenen Adressbuches wird in Israel gelebt. Dafür danke ich meinen Gesprächspartnern. Insbesondere Assaf Gavron, Etgar Keret, Ronny Someck, Scandar Copti, Mohammad Bakri, Micha Ullman und Miron Isaacson.

Yuda Braun, Ruth Peled-Ney in memoriam, Varda Genossar und ihre Artist's Residence Herzliya für die Gastfreundschaft. Ruth und Abraham Achlama für anregende Gespräche.

Erik Weiss, Florian Richter, Martha Willey, Alexander Janetzko, Pierre Becker und seinen großartigen Mitarbeitern.

Für Gespräche, wertvolle Hinweise, ihre Zeit, ihre Offenheit und Gastfreundschaft: Maya Abul-Hayatt, Rabbi Arik Ascherman, Suha Arraf, Yuda Atlas, Nir Baram, Raji Bathish, Chaim Be'er, Sami Berdugo, Ori Bernstein, Odeh Bisharat, Avishai Braverman, Benni Efrat, Alon Garbuz, Masha Glozman, Shula Keshet, Lia van Leer, Ori Leschman, Gideon Levy, Marwan Makhoul, Shai Miedzinski, Yair Moss, Haim Nagid, Dr. Sari Nusseibeh, David Rubinger, Mati Shemoelof, Rabbi Adin Steinsaltz, David Tartakover, Meir Uziel, Natan Zach, Miriam Zagiel, Michal Zamir und Nurit Zarchi.

Inhalt